AF403017

LE MILITAIRE EN SOLITUDE,

OU

LE PHILOSOPHE CHRÉTIEN:

ENTRETIENS MILITAIRES,
édifians & instructifs.

OUVRAGE NOUVEAU.

Par M. DE * * * *Chevalier de l'Ordre,*
Militaire de Saint Loüis.

PREMIERE PARTIE

A PARIS;

Chez
{
LE GRAS, Grand'Salle du Palais.
CAVELIER, ruë Saint Jacques.
La Veuve KNAPEN, Pont S. Michel.
PRAULT Fils, Quay de Conty.
}

M. DCC. XXXV.

AVERTISSEMENT
DU LIBRAIRE.

ON croit faire plaisir au Public en lui donnant ici un Ouvrage nouveau, où il trouvera l'utile joint à l'agréable. Ces Entretiens roulent particulierement sur les differens caracteres de la nature humaine, & sur les qualitez du cœur & de l'esprit. Les principes de la Religion, & ce qui caracterise l'honnête homme Chrétien, en font la base

I. Partie.

& le fondement. L'on pré-
fume qu'ils feront du goût
de tous ceux qui connoif-
fent le prix d'une noble
éducation, d'une vertu douce, aifée & folide : on y
trouvera par-tout ce qui
peut le plus contribuer à
rendre l'homme heureux &
d'un commerce agréable.

Ceux d'entre les jeunes
gens qui défirent fe former
dans la vertu, y rencon-
treront les plus folides inftructions pour la conduite
& les mœurs ; & ils auront
le plaifir d'y remarquer de
tous côtez les fentimens

d'une ame noble & délica-
te, d'un efprit jufte & éclairé, qui conduit par le bon
goût & la droite raifon,
fçait fe faifir à propos des
veritez & des principes les
plus importans : la varieté
des matieres, la folidité des
penfées, le mélange de faits,
de remarques, de traits de
Morale, de caracteres & de
fentimens élevez, tout cela contribuë beaucoup à
rendre l'Ouvrage d'autant
plus intereffant. Le Lecteur
fentira affez que ces Entretiens ne peuvent qu'être
de perfonnes fenfées qui joi-

gnent à la lecture un grand usage du monde.

L'Avertissement qui suit est de la personne qui fait imprimer ces deux premieres Parties des Entretiens Militaires.

AVIS DE L'EDITEUR.

L'ON ne trouvera pas d'Epitre Dé-
dicatoire à la tête de ce Livre,
tant à cause que l'Auteur ne veut
point être connu, que parce que M. le
Duc de * * * à qui seul il auroit vou-
lu le dédier, joint à toutes ses autres
solides vertus une modestie qui souffri-
roit trop, s'il se voyoit dépeint avec
tous les avantages qu'il tient de la nature & de la grace, & qui dans un
âge comme le sien, font l'admiration
de la Cour, de la Ville & de l'Armée.
L'on auroit souhaité, pour l'édification & l'utilité publique, pouvoir se
saisir de cette occasion, pour parler de
quelques-unes des rares qualitez qui le
distinguent si fort dans le monde, &
que lui seul semble ignorer.

L'Auteur de ces Essais, prévenu
de l'idée qu'il convient peu à un Etran-

a iij

AVIS

ger & à un *Militaire*, de vouloir donner d'*Ouvrages* au public, n'eût point
confenti à l'impreffion de celui-ci, fi
on ne lui avoit fait entendre, que ce
font là précifement les deux titres les
plus propres à fe concilier l'indulgence
de la Nation Françoife.

Si les *Entretiens* que contiennent
ces deux premieres *Parties*, font reçus
du *Public* de la maniere que le font ef-
perer les *Connoiffeurs*, on pourroit bien
lui en donner la fuite dans quelque
tems. Comme ce font des converfations
entre des *Militaires*, & qu'ils parlent
tantôt de ce qui regarde la *Guerre*, &
tantôt de ce qui regarde les mœurs & la
Religion, on a trouvé convenable de
les donner fous le titre d'*Entretiens
Militaires, édifians & inftructifs*.

Les perfonnes intelligentes com-
prendront aifément pourquoi l'*Auteur*
paroît un peu diffus en certains endroits; ce qu'il eut évité s'il n'avoit eu
en vûe que de plaire à un certain nombre de *Connoiffeurs* : l'on verra affez

DE L'EDITEUR.

que son objet capital dans cette composition a été l'utilité des jeunes gens,
n'ayant pensé ici qu'à se conformer
pour le stile, à cette seule idée ; il se
peut que les Entretiens qu'on trouvera dans ces deux Livres, seront moins
bien reçûs que ceux qui pourront peut-
être les suivre, & où l'Auteur s'est
trouvé moins gêné dans son goût pour
la précision. Vouloir écrire d'une maniere qui soit à la portée de tous les
Lecteurs, & utile à un chacun, n'est
gueres le moyen de faire au mieux ; &
quoique l'estime d'un petit nombre d'esprits fins & délicats, soit quelque chose de bien flatteur, il faut se résoudre
à y renoncer, en quelque façon, dans
un Ouvrage de la nature de celui-ci,
où il s'agit de se proportionner à toutes
sortes d'esprits, & où l'on ne doit penser qu'à écrire uniment, simplement,
& dans une étenduë propre à mieux
inculquer les choses.

Les excellens Connoisseurs qui vou-
dront bien avoir égard à ces raisons,

AVIS

pancheront plus pour l'indulgence que
pour la severité, sur-tout à l'égard d'un
Militaire, qui, en écrivant ceci, ne
pensoit assurément pas à vouloir rien
faire imprimer. Je suis persuadé que
ce n'est point des personnes raisonnables, sensées & de bon goût, qu'il a
à craindre d'être chicané sur le puris-
me : elles sçavent d'ailleurs, que, generalement parlant, l'on n'exige gueres l'elegance & la pureté du stile dans
un Ouvrage d'instruction. Au reste,
il s'agit ici de conversations familieres
où l'affectation d'un stile trop châtié
seroit assez déplacée : ces sortes d'Entretiens ne souffrent que le simple, le
naturel, le naïf ; ce qui n'exclut pas
toutefois la profondeur & la justesse
convenable dans les pensées, dans les
sentimens & dans les expressions.

L'on trouvera que ces Entretiens
sont égayez autant que la nature des
matieres dont ils traitent, peut le permettre ; de sorte que malgré les mora-
litez fréquentes qu'on y a répanduës,

DE L'EDITEUR.

la lecture n'en est pas moins amusan-
te qu'instructive. Le mélange de traits
d'Histoires & de remarques, n'écarte
point l'Auteur du point de vûë qu'il
s'est proposé dans ce Traité. Le Lecteur remarque bien-tôt que la plus
grande partie de ce qu'il contient a été
destinée à l'usage d'un jeune Seigneur ;
tout y tendant par voye d'insinuation
à former le cœur & l'esprit, & à inspirer de bonne heure le goût & les
sentimens convenables.

Les Entretiens qui suivent les sept
qu'on trouvera ici, sont d'un autre
genre, & beaucoup plus conformes à
l'idée qu'on peut se faire à la vûë du
Titre ; ils sont en même temps d'une
nature à devoir plaire davantage à
ceux qui sont dans le goût d'une haute
pieté & d'une Morale resserrée. L'on
a eu en vûë deux principaux objets
dans la composition en general : l'un,
d'insinuer ce qui paroît de plus propre
à former les jeunes gens dans le bien ;
l'autre, de traiter de ce qui peut le plus

AVIS DE L'EDITEUR.

convenir aux personnes qui sont dispo-
sées à vouloir fixer toutes leurs pensées
à l'unique importante affaire.

Au reste, je sçai que l'Auteur re-
cevra avec beaucoup de reconnoiffance, les avis que les Connoisseurs
voudont bien lui faire la grace de lui
donner. Il me reste à ajoûter ici, qu'il
a eu ses vûes dans ce qu'il a mis du sien
dans ces Entretiens, & que rien n'y
est dit au hazard.

Il y a apparence que les premiers
Entretiens plairont moins à beaucoup
de personnes, que ceux qui les suivent
dans ces deux premieres Parties; mais
l'on a eu ses raisons pour les ranger
dans l'ordre où on les voit ici.

APPROBATION.

J'AY lû par ordre de Monſeigneur le Gardes des Sceaux un Manuſcrit intitulé: *Le Militaire en ſolitude, ou le Philoſophe Chrétien.* Cet Ouvrage eſt compoſé avec art. L'Auteur y répand de l'enjoüement pour s'accommoder au goût & à la portée des perſonnes auſquelles il a principalement en vûë d'être utile; mais les regles de conduite qu'il leur preſcrit n'en ſont pas moins ſages : les leçons de Morale qu'il leur donne, n'en ſont ni moins importantes ni moins ſérieuſes. Fait en Sorbonne le 16 Juillet 1735. DE LORME.

LE.

LE
MILITAIRE
EN SOLITUDE,
OU
LE PHILOSOPHE
CRHÉTIEN.

PREMIER ENTRETIEN.

LESCURE & MARCEL s'étant rendus ensemble aux Thuilleries, rencontrerent le Baron d'Hamilton, Gordon & Rouvrais, qui se promenoient dans la grande allée. Comme ils se tiroient de la foule pour

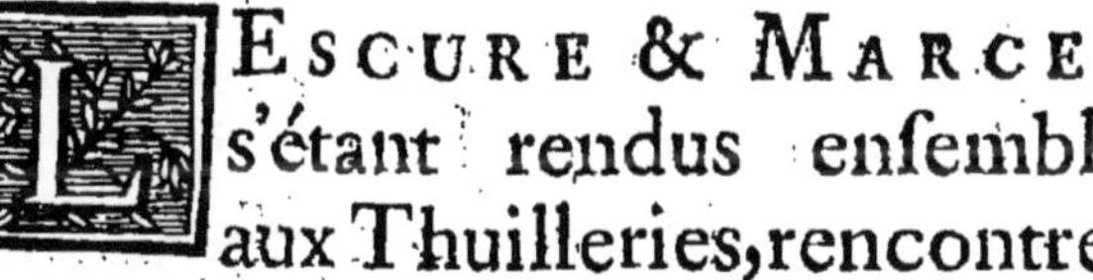

I. Partie.   A

pouvoir s'entretenir plus libre-
ment, Lescure fut arrêté par un
Seigneur de la Cour, avec qui il
s'entretint pendant quelque tems;
ayant rejoint sa compagnie: Vous
venez de parler là, lui dit Marcel,
à un homme qui fait les délices de
la Cour, de la Ville & des Trou-
pes; il seroit à souhaiter que tous
les Grands pûssent lui ressembler.

L'on n'en voit pas, à la verité,
beaucoup, répondit Lescure, qui
ayent ses façons de penser. L'on
en voit assez qui font grand fracas
dans le monde, & qui assurément
ne gagnent gueres à être vûs de
près. Celui que vous venez de
voir est d'un caractere bien diffe-
rent de ceux dont nous parlions il
y a quelque tems. La noblesse &
la candeur de son ame semblent
être peintes sur son visage, de même que l'aimable facilité qu'il a
dans l'humeur & dans l'esprit.
Toutes ses inclinations sont gene-

reuses & bien-faisantes, ne connoissant point de plaisir qui puisse être comparé à celui d'obliger de bonne grace.

Son air noble, dit Hamilton, & ses manieres ouvertes & prévenantes semblent annoncer d'abord ce que vous venez de dire, & un homme de ce caractere ne peut qu'être generalement aimé.

Je crois, dit Rouvrais, qu'il n'y a ici bas rien de plus doux, ni de plus flatteur que de sentir qu'on regne, pour ainsi dire, dans les cœurs; & les Grands ont bien plus de facilité à pouvoir se faire un pareil bonheur, que n'ont les autres hommes, il ne leur en couteroit presque que de le vouloir; il est vrai qu'il faut sçavoir penser de maniere à pouvoir goûter tout ce qu'il y a en cela de grand, de délicat & d'exquis.

Comme cela n'est point fort ordinaire, répliqua Gordon, je pense qu'il ne reste rien de mieux à faire que de les respecter de loin; dans le fonds ce n'est gueres la situation d'un homme qui a de l'honneur & de la raison, d'être confondu parmi un tas de vils flatteurs assujettis à leur caprice. Le seul moyen de s'en faire des Protecteurs utiles, c'est de pouvoir commencer par leur être de quelque utilité à eux-mêmes, sans quoi l'on ne doit pas en attendre grand'chose; outre que leur faveur n'aboutit d'ordinaire à rien, souvent il faut pour pouvoir s'y maintenir, certain manege qui repugne à un homme né avec quelques sentimens.

Mon frere le Philosophe m'a dit plus d'une fois, que si on voit les Grands si peu capables d'une amitié réelle & vive entr'eux, ils en sont encore bien moins susceptibles à l'égard des inférieurs. Ce qu'il y a de bien vrai, reprit Lescure, c'est qu'il n'est pas aisé à un homme dont le cœur est noble & droit, de conserver toujours leurs bonnes graces; il arrive tôt ou tard, qu'avec sa modestie & sa réserve, il devient la victime de la jalousie ou de la malignité d'un rempant calomniateur, dont il dédaigne les basses & artificieuses menées. Il y en a cependant avec qui l'on n'a pas à craindre pareils revers, & qui sont d'un caractere essentiellement bon, & il faut convenir que rien n'est si aimable qu'un Grand qui sçait démêler les caracteres, & dont les inclinations sont nobles & bien-faisantes. J'en connois qui sçavent donner de l'esprit à ceux qui les approchent, & cela par la maniere gracieuse dont ils daignent se mettre à leur portée.

C'est là le vrai moyen de se faire necessairement aimer, dit Marcel; rien de plus grand, ni même de plus utile, que de sçavoir se hausser & se baisser à propos; il est d'un grand-homme d'avoir de la facilité à démêler les divers génies & caracteres, & de sçavoir s'y proportionner; comme aussi de sçavoir se prêter & se courber avec dignité, & en même tems avec bonté. Pour que les Grands puissent trouver quelque plaisir dans les entretiens de ceux qui sont au-dessous d'eux, il faut qu'ils sçachent, pour ainsi dire, se mettre à leur niveau, & les enhardir un peu, tant par leurs manieres, que par un certain art dans la diversité des questions; c'est par-là qu'ils peuvent bien-tôt décider de leur génie, & de leurs façons de penser. Sçavoir ainsi distinguer ce que les autres ont de bon, & sçavoir s'en servir, c'est la marque d'un excellent discernement, & même tout ce qu'on peut attendre de plus utile de son application.

Vous venez de dépeindre là, répondit Lescure, la conduite que tient notre Marquis : c'est précisément par cette méthode qu'il sçait tirer parti des talens de ceux à qui il parle, en leur facilitant le moyen de se montrer tels qu'ils sont, & par-là il les renvoye contens de lui & d'eux-mêmes.

Ce seul trait, dit Hamilton, annonce de grandes qualitez dans le cœur & dans l'esprit ; j'ajoute qu'il suppose necessairement un merite du premier ordre ; un tel homme s'éleve réellement en paroissant s'abaisser, & gagne toujours à se communiquer. La fausse grandeur, dit la Bruyere, est farouche & inaccessible ; comme elle sent son foible, elle se cache, ou du moins elle ne se montre pas de front, & ne se fait voir qu'autant qu'il faut pour imposer, & ne paroître point ce qu'elle est, c'est-à-dire, une vraie petitesse.

A iiij

La véritable grandeur, ajoute-
t'il, est au contraire libre, douce,
familiere, populaire ; elle se laisse
toucher & manier ; elle ne perd
rien à être vûë de près ; plus on la
connoît, plus on l'admire ; elle
se courbe par bonté vers ses infe-
rieurs, & revient sans effort dans
son naturel ; elle s'abandonne quelquefois, se neglige, se relâche
de ses avantages, toujours en pouvoir de les reprendre, & de les faire valoir ; elle rit, joüe & badine,
mais avec dignité ; on l'approche
tout ensemble avec liberté & avec
retenuë : son caractere est noble &
facile, inspire le respect & la confiance, & fait qu'un Grand paroît
réellement grand, sans faire sentir aux autres qu'ils sont petits.

La Bruyere, reprit Lescure,
dit agréablement ailleurs : Tu es
grand, tu es puissant, ce n'est pas
assez ; fais que je t'estime, afin que
je sois triste d'être déchu de tes

bonnes graces, ou de n'avoir pû les acquerir.

Puisque nous sommes sur cette matiere, continua-t'il, il faut que je vous dise comment le Marquis de N... s'est rendu un des hommes de l'Europe le plus accompli. Il est né avec les plus heureuses inclinations; mais ses favorables dispositions ayant été d'abord mal cultivées, il contracta dans la premiere jeunesse d'assez mauvaises habitudes : quelque heureux naturel qu'on puisse avoir, l'éducation décide toujours de beaucoup, & influë souvent sur toute la vie. La jeunesse s'attache d'ordinaire aux premieres impressions, elle ne manque gueres de prendre le pli de ceux qu'elle fréquente; & comme elle fait insensiblement sa regle de leur exemple, on reconnoît bien-tôt en elle leurs sentimens, leurs mœurs & leurs manieres; c'est ici un fait que l'expérience nous montre chaque jour, & qui devroit bien rendre plus précautionné qu'on l'est pour l'ordinaire, dans le choix de ceux à qui l'on confie l'éducation des jeunes gens.

Ce Seigneur dont nous parlons avoit pour Précepteur un homme brusque, opiniâtre, inflexible, qui joignoit l'arrogance à l'ostentation ; c'étoit un de ces Pedans, qui hérissé de Grec & de Latin, ne regardent qu'avec pitié ceux qui n'assaisonnent pas comme eux, leurs discours de citations & d'argumens.

Le Gouverneur étoit un homme d'un esprit vif & delié, mais sans jugement & sans conduite. On le voyoit s'applaudir du malheureux talent de sçavoir semer avec art la discorde par tout. C'étoit-là son occupation favorite. Les malignes critiques, les mauvaises plaisanteries, les traits de satyre les plus piquans, faisoient tout le fonds de ses discours : avec cela il affectoit tous les airs de Petits-Maîtres, & se saisissoit de toutes les occasions pour faire l'esprit fort en matiere de Religion ; d'ailleurs très-habile dans l'art de cacher de grands vices sous un dehors poli, respectueux & soumis.

Par quelle merveille donc, interrompit Gordon, M. de N... a-t'il pû se sauver de tant d'écüeils ? & comment a-t'il pû paroître toujours tel que nous le voyons, ayant été élevé par gens de cette espece ?

A sa premiere entrée dans le monde, répondit Lescure, il tenoit un peu de l'un & de l'autre personnage : il déclamoit en Latin dans la compagnie des femmes ; ses discours étoient d'ordinaire farcis de sentences & de passages dans cette Langue ; il vouloit toujours argumenter ; la moindre chose le mettoit en train

de difputer , & les difputes exci-
toient ordinairement fa colere, fe
figurant qu'il y alloit de fa gloire de
ne jamais ceder ; & fon opiniâtreté
étoit fouvent accompagnée de
beaucoup de hauteur & de mépris.

Il lui arrivoit quelquefois de tirer vanité de ce dont il devoit
avoir le plus de honte. Voilà à peu
près quelles étoient les impref-
fions du Precepteur, & voici ce
qu'il tenoit du Gouverneur.

Une volubilité toujours accompagnée d'indifcretion , des viva-
citez à contre-tems, du penchant
pour la critique, & les railleries
piquantes ; un deffein formé de dire des chofes défobligeantes ; une
paffion demefurée pour les plaifirs de la table, de l'éloignement
pour les gens de bien, & beaucoup d'indifference pour la Religion ; il étoit au milieu de tout cela
entouré de quantité de vils flatteurs qui l'applaudiffoient en tout.

Voilà, dit Marcel, l'écüeil fatal des Grands ; la séduction des lâches adulateurs influë sur toute leur vie : c'est une peste d'autant plus dangereuse pour eux, que l'amour propre leur ferme les yeux sur ses funestes suites ; & il les leur ferme en même tems sur les motifs, qui font agir ces ames mercenaires ; s'ils pouvoient voir la source de leurs empressemens & de leurs flatteries, sans doute qu'ils les chasseroient avec indignation de leur presence.

Après ce que Lescure vient de nous dire touchant M. de N… reprit Gordon, l'on ne pouvoit gueres s'attendre de le voir un jour faire les délices des societez ; il lui reste à nous éclaircir sur ce point.

Il y a, répliqua Lescure, une grande ressource en ceux qui sont nez avec un beau naturel ; pour les y ramener, il ne faut que les associer avec des personnes d'un goût & d'un merite approuvés ; nous en voyons un exemple dans M. de N.... le changement dans la fréquentation des compagnies lui fit bien-tôt retrouver le riche fonds qu'il avoit en lui-même à son insçu : un esprit bien fait, un cœur noble & droit, la grandeur d'ame, le generosité, la douceur, la bonté, tout cela parut bien-tôt en lui avec éclat ; mais il s'agit de vous apprendre ce qui commença à le réveiller sur son état.

Le Maréchal de Catinat, aussi celebre par ses éminentes vertus, que par ses actions guerrieres, avoit vêcu dans une étroite amitié avec le pere du Marquis ; ayant un jour rencontré celui-ci dans les Galleries de Versailles, il le tira à l'écart, & lui parla dans les termes suivans :

Vous vous perdez, mon cher N... lui dit-il, & je ne puis voir ce

malheur sans m'en affliger. Je ne
puis que m'interesser beaucoup
pour le fils d'un homme que j'ai toujours tendrement aimé, & dont la
mort a été pour moi le coup le
plus accablant de ma vie. Ecou-
tez-moi, je vous prie, sur ce pied-
là, & souffrez que je vous demande pourquoi vous employez si mal
les avantages que vous tenez de
la nature ? Vous avez en vous
tout ce qu'il faut pour plaire,
& vous vous appliquez précisément à tout ce qui peut aliener les
esprits.

Souvenez-vous, continua-t'il,
que ce n'est rien que d'avoir de
l'esprit, si on ne l'a bon, juste, droit;
je n'ai que deux mots à vous dire,
mon cher N... veüillez être heureux, & vous le serez; vous n'a-
vez pour cela qu'à retourner à
votre naturel, & à vous défaire
promptement de toutes ces mauvaises habitudes que vous avez

malheureusement contractées; il
ne vous sera pas fort difficile d'y
parvenir, puisque le mal n'est pas
dans le sang.

Le Maréchal ayant été joint en
cet endroit par quelques Seigneurs de la Cour, le Marquis ne
put alors lui faire de réponse : ce
peu de mots fit cependant sur lui
une impression si profonde, qu'il
commença dès ce même moment
à entrer en discution avec lui-même sur ses défauts, & à se faire un
plan d'une conduite differente de
celle qu'il avoit tenuë jusques-là.

S'étant retiré tout de suite chez
lui, il se mit à lire le Telemaque
de M. de Cambray, & continua
à le lire chaque jour avec application : il sçut si bien entrer dans
l'esprit & le but de cet excellent
ouvrage, qu'en très-peu de tems il
tira un fruit infini de sa lecture.

Un cœur droit, un esprit bien
fait, ne sçauroit manquer de prendre

dre goût pour un Livre si merveilleux, & de profiter beaucoup de
cette morale si lumineuse qu'on y
trouve répandüe avec tant d'art &
d'agrément.

Le Marquis se proposa en même tems de se conformer aux con-
seils renfermez dans ces Vers
qu'on attribuë au même Prélat.

> Rendez au Créateur ce que l'on doit lui ren-
> dre ;
> Refléchissez avant que de rien entreprendre,
> &c.....

Je les ay sçû autrefois, ces Vers,
dit Hamilton, mais il ne m'en
reste qu'une idée assez confuse ;
voudriez-vous bien nous les reci-
ter tous ?

Ils continuent ainsi, reprit Lescure.

> .... Point de societé qu'avec d'honnêtes gens ;
> Et ne vous enflez point de vos heureux talens ;
> Conformez-vous toujours aux sentimens des
> autres,

I. Partie.   * B

Cedez honnêtément, si l'on combat les vôtres;
Ayez attention à tout ce qu'on vous dit,
Et n'affectez jamais d'avoir beaucoup d'esprit;
N'entretenez personne au-delà de sa sphere,
Et dans tous vos discours tâchez d'être sincere;
Tenez votre parole inviolablement,
Et ne promettez point inconsidérément;
Soyez officieux, complaisant, doux, affable;
Et pour tous les humains d'un abord favorable;
Sans être familier ayez un air aisé,
Ne décidez de rien qu'après l'avoir pesé;

Vers
oubliez.

Prêtez de bonne grace avec discernement;
S'il faut récompenser, faites-le largement.
Compatissez toujours aux disgraces d'autrui;
Supportez les défauts, soyez fidele ami;
Surmontez les chagrins où l'esprit s'abandon-
ne,
Et ne les faites point rejaillir sur personne;
Où la discorde regne, apportez-y la paix,
Et ne vous vengez point qu'à force de bien-
faits;
Reprenez sans aigreur, loüez sans flatterie;
Riez quand il le faut, entendez raillerie;
Estimez un chacun dans sa profession,
Et ne critiquez rien par ostentation;
Ne reprochez jamais les plaisirs que vous fai-
tes,

Et mettez-les au rang des affaires fecretes ;

Prevenez les befoins d'un ami malheureux ;

Sans prodigalité rendez-vous genereux ;

Moderez les tranfports d'une bile naiffante,

Et ne parlez qu'en bien d'une perfonne abfen-
te ;

Fuyez l'ingratitude, & vivez fobrement ;

Joüez pour le plaifir, & joüez noblement ;

Parlez peu, penfez bien, & ne trompez perfonne,

Et faites toujours cas de ce que l'on vous
donne.

Vers oubliés.

Au bonheur du prochain ne portez point envie,

Ne divulguez jamais ce que l'on vous confie.

Vers oubliés.

. . . . &c. . . . .

J'en ai oublié plufieurs, comme vous avez pû le remarquer,
pourfuivit Lefcure : quant au jeune Marquis, il fe hâta de les apprendre par cœur, & fe mit for-
tement dans l'efprit les inftructions
qu'ils renferment. Penétré, au refte, des bontez du Maréchal, il alla

le trouver à sa maison de campagne.

C'est avec les sentimens de la plus vive reconnoissance, Monsieur, lui dit-il en l'abordant, que je viens vous rendre mes très-humbles actions de graces de votre charitable attention pour moi. Permettez-moi de vous demander la continuation de vos bontez, & de vous supplier de vouloir bien donner plus d'étenduë aux salutaires avis que vous m'avez fait la grace de me donner à Versailles; me voici très-résolu de me conformer à tout ce que vous voudrez bien avoir la bonté de me prescrire; & de ne rien negliger pour devenir honnête homme. Confus de mes égaremens passez, je ne pense qu'à devenir raisonnable.

Vous l'êtes déja, mon cher fils, répondit le Maréchal en l'embrassant, vous le devenez au moment que vous sentez ce que vous

venez de me dire. J'augure beaucoup de cette noble candeur que
je remarque dans la démarche que
vous venez de faire ; ce m'est un
grand sujet de joye de vous voir
dans ces heureuses dispositions, &
vous l'augmentez bien obligeam-
ment, cette joye, par la confiance que vous témoignez avoir en
moi.

Commencez, mon cher N....
par vous interdire toute liaison
avec les jeunes gens, leur commerce ne peut vous être ni utile,
ni avantageux : vous devez sçavoir
qu'ils ne sont sensibles qu'à ce qui
flatte leur amour propre ; leur goût
dépravé est un poison qui se com-
munique facilement. Recherchez
avec soin le commerce des personnes d'un merite reconnu, &
dont les vertus vous puissent piquer d'émulation, par le désir de
leur ressembler ; faites-vous, à
quelque prix que ce soit, des amis

de ce caractere: c'est avec de telles
gens qu'on apprend de quelle importance il est d'agir sur des principes, & non au hazard, comme
fait le commun des hommes; il
s'agit sur-tout de se conduire par
des principes nobles, vrais, solides; souvenez-vous que rien ne
contribuë tant au bonheur de la
vie, que l'habitude de réflechir
sur ses entreprises, & sur sa conduite; le défaut de réflexion est
une source fatale d'écüeils pour
les gens de votre âge; c'est la cause ordinaire de leur perte. Soyez
circonspect dans le choix de vos
amis, si vous voulez goûter les douceurs de l'amitié. Ne comptez pas,
encore une fois, pouvoir faire aucun fonds sur celle des jeunes
gens; c'est de l'eau dans un cri-
ble.

Souvenez-vous encore, que
l'esprit ni les talens ne suffisent
pas pour les liaisons solides & du-

rables, il faut pour cela les qualitez du cœur, & un grand fonds
de sentimens. Vous êtes né avec
un heureux naturel ; la noblesse de
votre esprit répond à celle de votre naissance : avec ces avantages
il ne tient qu'à vous de voler aux
honneurs, aux dignitez, aux établissemens les plus brillans ; sur-
tout si vous vous faites une étude
particuliere de bien connoître les
esprits, d'approfondir les caracteres, de manier avec adresse les diverses humeurs des hommes. Il
n'y a point de science qui soit
plus utile que celle-là. Elle l'est
pour le Courtisan plus que pour
tout autre ; ayez donc soin d'employer là les talens que Dieu vous
a donnez, servez-vous à propos
de votre discernement, & de votre pénétration.

Vous allez être dans peu un des
grands personnages de la Cour ;
c'est là particulierement que vous

connoîtrez combien cette application eſt neceſſaire.

Accoutumez-vous à regarder les flatteurs comme vos plus grands ennemis ; ſoyez en garde contre leurs mercenaires inſinuations ; il ne faut que la plus legere réflexion ſur leur manege & leur conduite, pour démêler combien ils ſont mépriſables.

N'ayez de la paſſion que pour la belle gloire, appliquez-vous à votre profeſſion, & regardez comme une affaire capitale le moyen de vous perfectionner dans l'Art Militaire. Liſez avec réflexion les Hiſtoires particulieres des Grands Capitaines qui ont fait l'admiration de leur ſiécle. Arrêtez-vous particulierement à la merveilleuſe conduite de M. de Turenne dans toutes les occurrences de ſa vie : vous y trouverez le Philoſophe, le Religieux, & le Heros.

Vous avez dans les Armées une

infinité

infinité d'hommes distinguez par
leur rare merite. Le bon goût, la
vraye valeur, les sentimens élevez, les qualitez héroïques, toutes ces vertus se trouvent parmi
eux, comme dans leur centre.
Fixez-vous là à une societé agréable, mais sur-tout utile pour les
instructions ; soyez-en avide ; un
moyen sûr de se former en peu
de tems, c'est d'en avoir grande
envie.

Remarquez avec attention ceux
qui par leur sage conduite, s'attirent l'estime generale ; qu'aucun trait remarquable, soit dans
les conversations, soit dans les
lectures, n'échappe à votre attention ; observez la bonne méthode de recüeillir les maximes
des personnes qui se sont signalées
par leur sagesse, & par leurs lumieres ; ne soyez pas moins ingénieux
à remarquer le ridicule des autres ;
non pas pour leur causer aucun dé-

plaisir, mais pour vous affermir dans le dessein d'éviter un ridicule semblable.

Cette méthode n'est pas moins propre à former l'homme, que les plus belles leçons de morale ; tout honteux qu'est le vice, il semble plus supportable que le ridicule ; on se corrige enfin de l'un, au lieu qu'il arrive souvent qu'on conserve l'autre toute la vie ; car l'on peut être extrêmement ridicule sans penser un moment qu'on le soit ; l'on peut même l'être en plus d'un sens, & en diverses manieres. Un homme, par exemple, qui est dans l'habitude de se vanter, croit s'attirer de l'admiration, tandis que dans l'esprit de ses Auditeurs il fait précisément un effet tout opposé, quelque art qu'il puisse employer dans les tours & dans les expressions. Accoutumez-vous à repasser le soir en votre particulier, ce que vous avez dit, ce que vous avez fait, & ce que vous avez entendu dans le cours de la journée; devenez dans ce moment votre Censeur à vous-même, par-là vous éviterez la censure des autres; défiez-vous des subtilitez de l'amour propre, & n'oubliez jamais, que pour nous rendre aimables aux autres, il ne faut pas que nous paroissions tels à nos propres yeux.

Ne vous arrêtez pas aux vaines sciences; tâchez seulement de vous perfectionner dans celle de vous posseder vous-même; lisez & écoutez avec attention tout ce qui peut contribuer à former l'esprit & le jugement, & à vous donner dans votre état des lumieres & de l'émulation.

Regrettez les momens qu'on perd avec ceux qui font incapables de rien inspirer d'utile pour les sentimens, ou pour la bonne conduite.

Ne vous arrêtez jamais avec les faineans, les medisans, les bavards, ni avec les autres vains discoureurs de cette espece, qui coulent leurs jours dans une honteuse & criminelle oisiveté.

Sur-tout fuyez avec un extrême soin ceux qui font les esprits forts en matiere de Religion : de toutes les societez c'est-là, sans contredit, la plus dangereuse, la plus pernicieuse, & en même tems la plus pitoyable, & la plus méprisable.

C'étoit en se promenant dans de belles allées que le bon Maréchal entretenoit ainsi le jeune Marquis; il en étoit là quand on vint lui annoncer la visite de deux jeunes Seigneurs; c'étoient deux Petits-Maîtres d'un tour d'esprit à faire préferer à leur compagnie celle des plus rustiques païsans : Ils l'aborderent d'un air d'importance en débutant par lui dire, qu'il n'y avoit que l'extrême envie de le voir qui pût leur faire quitter Paris. Les femmes sont étranges, M. le Maréchal, continua l'un d'eux, elles ne veulent point entendre raison, quand il s'agit de s'absenter d'auprès d'elles.

M. le Maréchal ne parut pas prendre garde à un début si extravagant; il connoissoit les personnages; ils eurent cependant lieu d'être contens de l'accüeil gracieux qu'il leur fit. Après s'être un peu promené avec eux, il les mena dans leur appartement, où feignant de vouloir les laisser pendant quelques momens libres, il retourna au jardin.

Voici, dit-il à M. de N... de quoi mettre en pratique ce que je vous ay dit touchant le ridicule; il n'y a point de morale qui puisse vous rien apprendre de plus propre à vous perfectionner, que les remarques que vous aurez lieu de faire sur les ridicules travers dans l'esprit & les manieres de ces deux Courtisans.

Si vous vous faites un plan de conduite opposé à la leur, ce sera le moyen de vous faire regarder un jour comme un grand-homme.

Il me reste, continua la Maréchal, à vous donner un conseil, dont l'usage vous sera infiniment avantageux; c'est d'honorer & de rechercher les gens de bien, de conserver toujours un respect inviolable pour tout ce qui a rapport à la Religion, de vous appliquer à bien connoître le cœur humain ; & sur-tout à vous bien connoître vous-même.

Soyez circonspect & prudent, mais ayez en horreur les mauvaises finesses & les détours.

Prévenez tout le monde en civilité & en politesse, & n'ayez jamais de haine que pour le vice; par-là vous joüirez du précieux bien de la paix du cœur : ne confondez point la politesse extérieure avec celle qui a sa source dans le cœur ; la premiere n'est que l'ombre de celle-ci ; il faut cependant joindre toujours l'une à l'autre. Soyez en toutes rencontres plein de complaisance & d'égards pour les Dames ; gardez-vous des surprises de l'amour, pour ne vous pas trouver exposé à bien de fâcheux inconveniens ; que vos démarches soient toujours réfléchies : mêlez à propos l'air sérieux & mesuré avec l'air enjoüé.

N'ayez rien tant en vûë que le caractere d'honnête homme Chrétien ; préferez toujours les qualitez du cœur à celles de l'esprit.

Ne vous lassez point d'être genereux & bienfaisant : cette vertu a quelque chose de si noble, & de si divin, qu'elle se fait toujours admirer, même des méchans.

Ne vous liez jamais d'amitié

avec un homme interessé, vous n'y trouveriez qu'une bassesse d'ame absolument incompatible avec ce qu'il faut pour remplir les devoirs d'ami ; votre disposition naturelle à la generosité, & à la magnanimité, m'est un garant que vous n'aurez jamais rien de commun avec les Grands, qui ne sçavent pas être grands, ni avec les riches, qui ne sçavent qu'être riches.

N'ayez point à vous reprocher d'avoir revelé un secret qui vous aura été confié, ni d'avoir en aucune façon deshonoré personne.

Ne vous loüez vous-même en rien, & vous serez sûrement loüé des autres ; persuadez-vous qu'il ne sçauroit y avoir de vrai merite où il n'y a pas une vraye modestie : quand même cette aimable vertu ne seroit pas aussi propre qu'elle est à nous attirer l'estime & la bien-veillance des autres, elle ne laisferoit pas que d'être toujours la plus défirable de toutes les qualitez, tant par rapport à la Religion, que par l'heureufe difpofition qu'elle fait naître dans l'efprit, & le calme où elle l'entretient.

Appliquez-vous à la lecture, accompagnée de réflexions & de remarques : outre le bien qui vous en réfultera, c'eft que par-là vous ne connoîtrez point l'ennuy, & vous fçaurez aifément vous paffer des compagnies quand vous le voudrez. Choififfez toujours les Livres où on trouve ce qui eft de plus propre à élever l'efprit au-deffus du monde, & à infpirer une noble indifference pour les inutilités & les niaiferies qu'on voit occuper fi férieufement la plûpart des gens.

Souvenez-vous dans tous les tems, qu'il eft plus utile de fçavoir bien écouter, que de fçavoir bien parler ; par l'un il arrive souvent qu'on se fait des ennemis , au lieu que par l'autre l'on se concilie infailliblement les cœurs.

Tâchez de vous accoutumer à écrire correctement , & à vous exprimer d'une maniere noble , aisée & naturelle.

Je finis par l'article le plus important , & qui merite votre plus grande attention ; c'est en vous exhortant de penser souvent à votre fin derniere , & à vous conformer en tout à la volonté divine ; c'est-là le tout de l'homme.

Il me semble encore ne pouvoir vous recommander assez de n'avoir aucun commerce avec les prétendus esprits forts ; ce sont des insensez qui ne cherchant qu'à s'étourdir dans leurs dereglemens, bornent toutes leurs vûës à cette vie.

Je n'entreprendrai pas , Monsieur, répondit M. de N... de vous

témoigner mes mouvemens de reconnoiffance, ils font au-deffus
de toute expreffion; tout ce que
vous m'avez fait l'honneur de me
dire a fait en moi une impreffion
trop profonde, pour que je puiffe
jamais en perdre rien de vûë.

Toutes mes penfées font tournées à m'appliquer de maniere
que je puiffe vous faire remarquer
un jour que j'en ay fçû profiter.

M. de Catinat voyant venir à
lui trois Seigneurs de la Cour, il
alla les recevoir avec ces démon-
ftrations de joye qu'infpire la vifite
des perfonnes que l'on eftime;
après bien des amitiez de part &
d'autre, ils entrerent enfemble
dans les appartemens; l'on fe mit
à table peu de momens après, &
l'on s'égaya fur differentes matieres. Ces trois Seigneurs qui ve-
noient d'arriver, étoient des Officiers Generaux, diftinguez par
leur valeur & par leur capacité.

Comme ils avoient beaucoup d'esprit, l'on s'entretint avec cet agrément & ce sel, qui font valoir jusqu'aux minuties.

La conversation ayant roulé quelque tems sur les nouvelles de la Cour & de la Ville, l'on commença à parler de Camps, de Sieges & de Batailles : on parcourut les operations des dernieres Campagnes en Italie, en Allemagne, en Flandres; les évenemens étoient considerables, & en grand nombre; il y avoit dans la compagnie deux Officiers qui écoutoient, avec une respectueuse attention, les entretiens de ces Grands-hommes.

Ces deux Officiers supportoient impatiemment l'indiscretion des deux Petits-Maîtres, qui voulant en sçavoir plus que ces habiles Generaux, ne cessoient d'interrompre une conversation si interessante, & de décider de tout avec

cet air de confiance & cette volubilité qui caracterisent le Petit-
Maître.

Il n'y a en cela rien qui doive
étonner, interrompit Gordon ; ne
faut-il pas que ces Messieurs fassent toujours leur personnage en
quelqu'endroit qu'ils se trouvent ?
Ce seroit une chose assez nouvelle
de voir un Petit-Maître se conduire par la raison, & s'assujettir aux
bienséances convenables ; il ces-
seroit d'être ce qu'il est, s'il sçavoit écouter & parler à propos ; ce
lui seroit d'ailleurs une chose honteuse de paroître ignorer quelque
chose.

Il faut cependant que les deux
dont vous parlez, pour s'être hazardez de la sorte, ayent été en
état de parler convenablement sur
ces matieres.

Sans vouloir décider de leur
capacité à cet égard, répliqua Lescure, je me contenterai de vous

dire, que l'un avoit fait une Campagne, & l'autre la moitié d'une; au reste l'on m'a assuré qu'ils dansoient fort proprement tous deux, & qu'ils avoient de grandes dispositions pour la Poësie.

Je ne vous demande plus rien sur leur sujet, répartit Gordon, mais il vous reste à nous dire de quelle maniere se conduisit M. de N… dans cette rencontre.

Comme un homme, reprit Lescure, qui avoit parfaitement retenu tout ce que le Maréchal venoit de lui dire ; il ne perdit pas un mot de ce que dirent les Generaux ; il réfléchit pleinement sur la conduite des Petits-Maîtres, & sur l'extrême malheur d'être ridicule, sans s'appercevoir qu'on le soit : dès ce moment il envisagea combien il est important d'avoir un ami zelé, fidele & éclairé, & il résolut de mettre tout en usage pour s'en faire un de cette trempe,

se faisant d'avance une idée flat-
teuse d'avoir quelqu'un avec qui
pouvoir s'épancher dans tous les
évenemens de la vie. Il comprit
combien il est doux de pouvoir
s'entretenir en pleine confiance
de tous les mouvemens du cœur,
& qu'on trouve dans ces fortes de
communications du foulagement
dans l'adverfité, & un furcroît de
plaifir dans la profperité.

Il fe vit peu de tems après en fi-
tuation de goûter les douceurs
d'une amitié tendre & délicate,
ayant trouvé un ami tel qu'il le lui
falloit, foit pour les qualitez du
cœur, foit pour celles de l'efprit.

La conformité d'humeur & de
caractere forma entr'eux une douce fympathie, qui en peu de tems
les conduifit à toutes les aimables
délicateffes qu'on remarque dans
l'union des cœurs qui femblent
être faits l'un pour l'autre.

Après avoir paffé quelque tems

ensemble à Paris, ils allerent à
une gracieuse campagne, où ils
s'appliquerent pendant plusieurs
mois de suite à des lectures utiles
& agréables. M. de N... éprouva là
qu'il y a une satisfaction infinie à
lire en commun, & que le fruit
qu'on en tire va de pair avec le
plaisir.

Il est vrai que par-là les idées se
réveillent; les réflexions naissent
tout naturellement des sujets qui
se presentent. L'on s'arrête à tirer
des conséquences, à distinguer le
bon d'avec le médiocre, le vrai
d'avec le faux, le solide d'avec le
superficiel; par-là on s'instruit en
s'amusant agréablement; ce mélange de lectures & de réflexions ou-
vre l'entendement, & presente à
l'homme des lumieres qui le conduisent à se connoître lui-même,
ce qui est la connoissance la plus
utile, puisqu'elle rend nécessaire-
ment-vertueux.

Un

Un jeune homme né avec d'heureuses dispositions se forme ainsi le cœur, l'esprit & le jugement ; s'affermit de plus en plus dans l'amour de la vertu, & dans la haine du vice.

C'est ainsi, continua Lescure, que les conversations variées & interessantes ne tarissoient point entre le Marquis & son ami. Comme celui-ci avoit un grand usage du monde, le goût bon, l'esprit juste & bien cultivé, il lui insinuoit avec art, mais d'une maniere aisée, les principes d'une morale qui n'avoit rien d'abstrait, & dont il rendoit l'application facile & naturelle.

Le Marquis ayant du goût pour le bon & le vrai, sentit bien-tôt tout le prix d'un pareil commerce. Son ami le mit en train d'apprendre la Geographie; la lecture de l'Histoire devient par-là & plus instructive & plus interessante ; de cette

maniere leurs entretiens étoient
toujours soutenus de nouveaux
objets; les sentimens en faisoient
tout le fonds, & l'aimable vertu faisoit celui de leur union.

Quelle difference d'une telle
vie à la vie badine & frivole de
la plûpart des jeunes gens à leur
entrée dans le monde ? Au reste,
les deux amis n'étoient pas toujours
seuls; ils avoient dans le voisinage
de ces compagnies choisies qu'on
se forme d'ordinaire dans les parties de campagne, & où l'on est
animé par la joye, la confiance, &
une noble liberté.

Souvent en se promenant dans
de riantes prairies, ils s'entrete-
noient simplement des seuls objets
qui frappoient leurs regards ; &
ayant l'esprit naturellement porté
aux belles choses, ils sçavoient tirer parti de celles qui paroissent
les plus simples & les plus com-
munes. C'est ainsi que les plaisirs

champêtres avoient pour eux chaque jour de nouveaux charmes,
& qu'ils sçavoient couler leurs jours
dans l'innocence, dans l'étude de
la sagesse, & de tout ce qui peut
rendre l'homme heureux.

Combien de pareilles occupations ne sont-elles pas préferables
aux frivoles amusemens de fron-
der les autres, & de se nuire par-
là à soi-même ?

Comme le jeune Marquis avoit
naturellement de l'intelligence,
de la pénétration, & un grand
fonds de jugement, il sçut tirer en
peu de tems un fruit infini de ses
lectures, & de ses remarques. Telemaque, comme je l'ai déja dit,
fut le premier Livre qui le mit
dans le goût de lire; il prenoit pour
lui tout ce que dit Mentor à son
éleve : en réfléchissant mûrement
sur toutes ces merveilleuses instructions, il s'arrêtoit quelquefois
à considerer la beauté du langage
D ij

dans les narrez & les descriptions ornées par tout de toutes les fleurs de Rethorique qui peuvent convenir à un sujet, & en même tems à un style Poëtique.

Il lut tout de suite les Commentaires de Cesar, l'Histoire Romaine, celle de France, la vie des Hommes Illustres de Plutarque, les Histoires particulieres du Prince de Condé, & de M. de Turenne.

Toutes ces lectures-là, dit Marcel, sont infiniment utiles pour tout homme destiné à la profession des armes, sur-tout celle des Hommes Illustres de Plutarque, où l'on voit les Grands dépoüillés de leur grandeur, peints au naturel avec leurs vices & leurs vertus ; où l'on apprend à distinguer le mélange des caracteres, la diversité des génies, & les ressorts du cœur humain.

Pour ce qui est de la lecture

de Telemaque, elle est pour les
mœurs d'une utilité qui s'étend à
tous les hommes : l'on y apprend
à agir par sentimens, & par des
principes grands, nobles & élevez ; à devenir un homme droit,
humain, compatissant ; à mépriser
les détours, les finesses, les artifices ; on peut, en un mot, y recüeillir tout ce qui entre dans la composition du vrai honnête homme.

Un jeune homme, reprit Lescure, ne peut assurément rien faire de mieux, à son entrée dans le
monde, que de s'appliquer souvent à cette lecture ; il pourra y
puiser tout ce qui sert à rendre
l'homme sage & heureux, sur-tout
si dans la premiere lecture il est
conduit par quelqu'un qui sçache
le mettre au fait des vûes & des
desseins de l'Auteur, & le faire
entrer de la maniere convenable
dans l'esprit de l'ouvrage.

Que de remarques à faire sur la

conduite qui y est ménagée avec
tant d'art, sur ce que la morale a
de vif, de pressant & de naturel,
& particulierement sur la fin qu'elle se propose en tout? Un cœur dis-
posé à la vertu, y prend d'heureuses impressions qui influent sur toute la vie. J'ai connu, poursuivit-il,
un jeune homme de condition,
qui avoit malheureusement con-
tracté la honteuse habitude du
mensonge, & qui s'en est corrigé
par les remarques qu'il fit sur ce
que dit là-dessus Mentor à son
Telemaque.

En lisant autrefois les Ouvrages
de Saint-Evremond, dit Gordon,
il m'a paru qu'un jeune homme
peut y trouver bien de quoi se former dans tout ce qui a rapport au
bon goût, à la justesse de l'esprit,
& au jugement; chose infiniment
essentielle, & qui cependant n'est
que trop rare.

Je sentois au reste un secret dé-

plaisir de ce qu'un esprit si net, si
fécond, si élevé, ne s'étoit point
appliqué à traiter de matieres solides.

L'agrément de ses expressions,
la force de ses raisonnemens, la
solidité de ses pensées, tout cela
pouvoit être employé utilement,
en traitant des grandes veritez de
la Religion; mais c'est-là un article sur lequel ce Philosophe ne
cherchoit qu'à s'étourdir; son
unique soin étoit de tirer, comme on dit, parti de la vie en homme sensuel & voluptueux.

Et voilà précisément, interrompit Marcel, ce qui fait que la lecture de ses ouvrages ne convient
gueres à la plûpart des jeunes gens;
j'en connois qui ont pris de-là d'assez mauvaises impressions.

Il y a à la verité, dit Lescure,
certains traits qui pourroient être
dangereux pour un jeune homme,
qui n'auroit pas dans le bon des

principes bien affermis ; mais il y
a d'ailleurs infiniment à profiter
dans cette lecture, soit pour le vrai
goût, soit pour la justesse de l'esprit & la délicatesse des sentimens.
Un jeune Seigneur destiné à figurer dans le monde, trouvera, par
exemple, dans les Entretiens de
Saint-Evremont avec le Duc de
Candale, des avis très-utiles pour
sa conduite.

Cela est vrai, répliqua Marcel,
mais je crois qu'un ami du caractere du Comte de Mioffens, dont
parle l'Auteur, lui seroit encore
bien plus utile. Ce n'est pas un médiocre bonheur de rencontrer dans
la vie un ami sûr & agréable, dont
le commerce est solide, dont la familiarité est douce, dont le zele
est éclairé. Quand on pense d'une
certaine façon, l'on trouve qu'un
ami de ce caractere tient lieu de
tout, & jamais on ne le trouve
plus à dire que lorsqu'on se voit

sans

sans lui dans les compagnies tumultueuses : c'est particulierement
dans ces rencontres-là qu'on a mille choses à lui dire, & mille à lui
demander ; on ne fait que se prêter avec les autres ; tous les amusemens bruyans n'ont rien qui
puisse dédommager des doux é-
panchemens de cœur.

Si nous voyons si peu de nos
jeunes gens, dit Lescure, capables de sentir des choses pareilles
à celles dont nous nous sommes
entretenus ces jours-ci, c'est parce
qu'on néglige de leur insinuer la
necessité d'agir en tout sur des
principes solides de réflexions &
de sentimens ; & il est clair que
ce qui fait qu'on en voit tant donner à leur entrée dans le monde,
dans les ridicules travers de Petits-
Maîtres, est qu'on les y expose
de trop bonne heure, qu'on les
abandonne trop tôt à eux-mêmes,
à leur propre conduite, à leur vo-

I. Partie.   E

lonté propre ; de-là l'ignorance,
l'entêtement, la présomption, l'in-
application, la legereté d'esprit,
le défaut de solidité; en un mot,
cette multitude de mauvaises habitudes, que les jeunes gens contractent nécessairement les uns
avec les autres.

Tout ce qui est prématuré, répartit Marcel, est sujet à plus d'un
inconvenient. L'abus de précipi-
ter les jeunes gens dans les Emplois, & de les laisser leurs maîtres avant l'âge convenable, est
d'ordinaire une source de déplaisirs
& d'amertumes pour les parens ; la
preuve de ce que je dis ici paroît
chaque jour devant nos yeux ; &
tout cela provient de ce qu'on envisage les choses dans un faux
point de vûë : on s'imagine que
le retardement à produire les jeunes gens les recule, tandis que
c'est tout le contraire, & qu'il est
de l'experience qu'il avance. Une

raison déja developée, un jugement formé, les réflexions folides, l'impression des bons exemples ; ce solide concours ayant
déja formé d'heureuses habitudes,
contractées avec connoissance de
cause, met un jeune homme en
état de se répandre dans le monde sans aucun risque ; & sans ce
concours ou ce fondement qui
suppose une éducation déja con-
sommée, un jeune homme, né
d'ailleurs avec un heureux naturel, des dispositions vertueuses,
des inclinations excellentes, sera bien - tôt entraîné par le torrent des mauvais exemples ; & si
au bout d'un certain tems il lui reste encore quelques sentimens vertueux, il envisage de la honte à
les faire paroître : dès-lors il com-
mence à être vicieux par complaisance, & continuera dans peu
à l'être par goût, par habitude &
par temperamment ; au lieu que

E ij

quand les solides principes d'honneur & de Religion sont une fois bien enracinez dans le cœur, il n'arrive gueres qu'on les perde absolument de vûë : s'il arrive quelquefois qu'on s'en écarte, l'on y retourne toujours tôt ou tard : la bonne éducation prévaut à cet égard sur le naturel le plus heureux.

Saint-Evremond prétend même que l'éducation décide de tout pour l'homme, & je serois tenté de croire qu'il a en quelque façon raison. Les premieres impressions sont toujours fortes ; les jeunes gens livrez trop tôt à eux-mêmes, sont plus susceptibles des mauvaises que des bonnes; ils se font bientôt une regle du goût de ceux qu'ils fréquentent ; ce n'est plus alors la raison qui les guide, mais les habitudes qu'ils contractent; & il arrive enfin qu'un goût faux & inconstant pour les amusemens &

les plaisirs, leur tient lieu de principes.

J'ai lû quelque part, dit Hamilton, qu'on regardoit en Perse
comme le devoir le plus important, & la partie la plus essentielle
du Gouvernement, de bien élever la jeunesse. L'on ne s'en repo-
soit pas, dit-on, sur le soin des
parens, qu'une aveugle tendresse, ou l'ignorance rend souvent
incapables de donner à leurs
enfans l'éducation convenable;
l'Etat s'en chargeoit, de sorte
qu'ils étoient élevez en commun
d'une maniere uniforme, & tout y
étoit compassé pour toutes les instructions conformes à la diversité
des états ou professions; ils alloient
aux Ecoles pour y apprendre les
principes de justice, d'équité, de
droiture, & les regles les plus solides pour une bonne conduite;
on leur parloit de la duplicité, de
la fausseté, & de l'ingratitude,

E iij

comme de ce qui meritoit les plus
sévéres punitions.

C'est-à-dire, répondit Lescure,
qu'on leur apprenoit à devenir
bons, vrais & raisonnables, &
par conséquent à se rendre heureux. Cette sorte d'étude est assurément plus solide & plus sensée,
que toutes nos études seches, sté-
riles & fastueuses, où l'on em-
ploye tant d'années pour n'apprendre souvent qu'à *ergoter* sur des
riens en pédant ridicule & entêté.

Il n'est point douteux, reprit
Hamilton, que la bonne éducation ne décide de beaucoup dans
la vie ; mais je ne sçai si le bonhomme Saint-Evremond ne pous-
se pas à cet égard la chose un peu
trop loin ; & je doute même que
l'éducation la plus éxacte & la plus
sévére, ni toute la force des exemples les plus vertueux, puissent
changer un cœur formé pour être
corrompu ; il peut être retenu un

tems par certains freins, mais il fait tôt ou tard éclater dans ses actions, ce que la crainte ou les menagemens lui avoient fait cacher avec soin ; le mauvais naturel, le vilain cœur, est, je pense, comme l'hypocrisie qu'on decouvre avec un peu d'attention au travers de son masque.

Il est certain, répliqua Marcel, que le bon naturel naît d'ordinaire avec nous ; l'éducation peut bien le cultiver, mais elle ne sçauroit le produire ; elle est, comme dit un bel Esprit, le singe du bon naturel, par l'affabilité, la complaisance, & la douceur du temperamment réduite en art ; ces dehors d'humanité forment bien la politesse exterieure sans pouvoir produire celle qui est fondée sur la bonté réelle du cœur. Quoiqu'il en soit, l'on éprouve souvent que rien n'est plus dangereux que le commerce d'un mal-honnête hom-

Eiiij

me qui connoît toutes les reſſources, ſoit de la vraye politeſſe, ſoit
de la fauſſe; on eſt facilement la
duppe d'un tel homme. Au reſte,
ajouta-t'il, s'il falloit prendre au
pied de la lettre, & à toute ri-
gueur, la deciſion de Saint-Evremond & la vôtre, je ne ſçai ſi l'on
ne pourroit pas conclure que vous
excedez un peu l'un & l'autre ;
cela n'empêche pourtant pas que
malgré l'oppoſition de ſentimens,
vous n'ayez tous deux raiſon, à
certains égards.

Je comprens, répartit Hamilton, dans quel ſens vous avez paru d'abord adopter l'opinion du
Philoſophe, & puis la mienne;
de ſorte que je n'ai nulle peine à
convenir que s'il a donné dans une
extremité, j'ai donné dans l'autre,
quoique mes expreſſions ſoient
mêlées de certains correctifs.

C'eſt-à-dire, interrompit Leſcure, qu'il réſulte de tout cela,

que l'effet de l'éducation n'eſt pas abſolument general, mais qu'il a pourtant ſouvent ſon efficacité ; & je penſe que c'eſt auſſi dans ce ſens que l'entendoit notre vieux Philoſophe, qui d'ailleurs enten-doit ſans doute la mauvaiſe édu-cation, comme la bonne. Pen-dant mon ſéjour à Londres, pour-ſuivit-il, j'ai fait connoiſſance avec un nommé M. Silveſtre, un Refu-gié François, homme d'eſprit & d'un grand ſens, & qui m'a ſou-vent entretenu du bonhomme Saint-Evremond, dont il avoit été intime ami ; je prenois un vrai plai-ſir à l'entendre parler de ſon genre de vie, & de la maniere qu'il étoit recherché de tous les honnêtes gens. Comme on faiſoit grand cas à la Cour & à la Ville, de la juſteſ-ſe & de l'agrément de ſon eſprit, mais ſur-tout de la delicateſſe de ſon goût, on vouloit l'avoir à tou-tes les parties fines, où l'on ſe

regloit d'ordinaire sur ses décisions dans les rafinemens de la
bonne chere, & de tout ce qui
peut faire les délices des sensuels
du premier ordre.

Voilà, dit Gordon, une Philosophie assez singuliere. Elle est
du moins sociable & commode,
répondit Lescure. Le même Silvestre, continua-t'il, m'a encore
dit que ce qui faisoit que ce bonhomme étoit si fort du goût des
Anglois, c'est que non-seulement
il écrivoit & parloit bien, mais
qu'il pensoit toujours juste, & étoit
guidé en tout par le bon sens &
la droite raison. Vous aurez sans
doute remarqué, ajouta Silvestre,
que les Anglois ne sont pas gens
à se laisser imposer par le beau
langage, ni par les dehors brillans ; ils veulent de la réalité &
du solide ; avec eux il faut sçavoir
penser, réflêchir, approfondir ;
ce n'est pas assez, il faut être en-

core capable de sentimens ; & comme ils trouvoient tout cela en Saint-Evremond, ils s'accommo-doient assez de sa Philosophie en-oüée : ni ses systêmes de sensua-lité, ni même son foible pour son Heroïne Hortence de Mancini, n'ont pû les empêcher de le re-garder comme Philosophe, & comme Philosophe aimable dans le commerce. L'estime où il se voyoit ne lui faisoit rien perdre de sa modestie ; & quoique bel Esprit, il étoit fort éloigné d'avoir rien de cette ridicule ostentation qu'on reproche à la plûpart des Auteurs, & qui ternit beaucoup leur merite.

Nous avons vû dans la person-ne de notre pauvre ami Vergier, reprit Lescure en s'adressant à Marcel, l'effet charmant que fait la modestie, sur-tout dans un bel Esprit ; il n'étoit point étonnant qu'il fût si generalement aimé ; car il sembloit qu'il ignorât qu'on le regardoit comme un homme d'un esprit & d'un merite éminens. Vous vous souvenez combien il avoit en partage cette simplicité si noble, si aimable, & si peu connuë de nos jours.

L'on ne peut, répliqua Marcel, qu'être enchanté d'un homme qui oublie sa superiorité d'esprit pour se faire à la portée des autres, & se mettre de niveau avec ceux même qui paroissent les plus bornés. Une pareille conduite denote le grand-homme.

L'oubli de soi-même tient de l'heroïsme, & rien ne releve tant le vrai merite que cette sorte de simplicité rare & délicate; c'est elle qui faisoit paroître dans un si beau jour les brillantes qualitez & les vertus éminentes du celebre M. de Fenelon, Archevêque de Cambray.

Le saint Prelat dont vous parez, répartit Lefeure, devoit bien connoître tout le prix de cette charmante fimplicité ; mais furtout de la fimplicité Chrétienne dont il parle d'une maniere fi admirable dans fes Oeuvres Spirituelles. Il diftingue deux fortes de fimplicité ; il fait voir ce que l'une a de grand & de fublime felon le monde même, & ce que l'autre a de parfait & d'élevé felon la Religion.

J'ai remarqué en effet, reprit Marcel, que ces deux caracteres de fimplicité fe trouvoient parfaitement réünis en ce Grand-homme ; de forte que ceux qui fe figurent que la fimplicité eft incompatible avec le génie fuperieur, n'avoient, pour revenir de leur erreur, qu'à confiderer ce Prelat. Si la feule modeftie eft un beau relief au merite, quel luftre ne lui donne pas la fimplicité, qui fuppofe toujours la modeftie, l'aimable candeur,

& toutes les autres grandes qualitez d'un cœur noble & désinté-
ressé ?

Puisque la simplicité dont nous
parlons, dit Lescure, est une vertu si exquise & si sublime, elle
doit sans doute entrer dans la composition qui fait le vrai Heros.

Elle y entre necessairement,
répondit Marcel, elle est le propre des grands cœurs ; & l'on ne
peut être regardé comme un veritable Heros, si l'on n'a le cœur
grand & magnanime, plein de
sentimens nobles, élevez & genereux. Milord Bulingbrock me
dit un jour, comme nous parlions
de M. le Duc de Vendôme, qu'il
n'y avoit rien que les Anglois ad-
mirassent plus en ce Prince, que
ce caractere de noble simplicité,
qu'il sçavoit toujours concilier
avec ce qui étoit dû à sa dignité.

Pour ce qui est du Heros Chrétien, il doit absolument réünir en

... ces deux aimables caracteres
... simplicité que distingue M.
de Fenelon.

A en juger par tout ce que vous
... enez de dire, interrompit Ha-
... milton, il y a bien à rabattre du
... ombre des Heros.

Les Heros à juste titre, dit Les-
ture, ne sont pas moins rares que
... es siecles. C'est un étrange abus
d'appeller Heros un homme dont
la réputation n'est souvent fondée
que sur les caprices d'une fortune
aveugle & bizare. Vaincre dans
... es combats, dit un de nos beaux
Esprits, envahir un Païs, saccager
des Villes, ravager des Provinces,
tyranniser un Peuple, faire des
multitudes de malheureux, tout
cela fait souvent le Heros aux
yeux du Public, parce qu'il ne juge
d'ordinaire que sur les évenemens
qui frappent les sens, & qui font
grand bruit dans le monde.

C'est cependant, répliqua Ha-

milton, un titre qui semble être
particulierement consacré à un
Guerrier heureux, à un grand Con-
querant.

Quoique cela semble être ainsi,
reprit Lescure, l'on seroit peut-
être plus reservé à prodiguer ce
beau nom de Heros, si l'on envi-
sageoit bien tout ce qu'il doit supposer ; on refuseroit alors ce ma-
gnifique titre à ceux dont la mesure de l'amour propre fait celle de
leurs actions, & qui n'agissent en
tout que par des motifs de vanité,
ou d'interêt ; à des hommes impé-
rieux, inhumains, qui ne se conduisent que par la fougue de leurs
passions, par une ambition dére-
glée, par l'envie de dominer, &
souvent par des mouvemens de
haine, de vengeance & de fureur.
On doit supposer, poursuivit-il, que
celui qu'on appelle Heros, joint à
ce qui fait l'intrepide Guerrier,
ou le grand Capitaine, au moins
quelques

quelques-unes des grandes qualitez qu'on voyoit réünies avec les
vertus guerrieres en M. de Turenne; c'eſt à un tel homme qu'eſt
dû avec juſtice le titre de Heros.

Sa moderation, ſon déſintereſ-
ſement, & ſa noble ſimplicité,
ne lui ont pas fait moins d'honneur que ſes grandes actions à la
Guerre.

Enfin, j'ai toujours dans la tête
que pour pouvoir être regardé
comme Heros, il faut être Grand-
homme; & qu'il ne ſuffit pas de
vaincre les autres, mais qu'il faut
encore ſçavoir ſe poſſeder & ſe
vaincre ſoi-même.

Je m'imagine, dit Gordon, que
le nom de Heros Chrétien doit
ſuppoſer encore quelque choſe de
plus que tout cela.

Ce grand mot de Heros Chrétien, répondit Marcel, ſuppoſe
non-ſeulement un homme qui,
dans ce ſens, ſçait s'élever au-deſ-

I. Partie. E

sus de l'homme, dompter ses passions, exercer la clemence, faire
des heureux; mais encore un homme plein d'ardeur pour la gloire
de Dieu, prêt à tout entreprendre
& à tout sacrifier pour cela ; un
homme qui préfere le bien public
au sien propre, & à qui rien ne
peut faire oublier son devoir envers Dieu, & envers les hommes ;
un homme enfin qui sçache se si-
gnaler par des dispositions bien-
faisantes, & en qui l'on remarque
en toutes occasions les aimables
caracteres de la justice, de la candeur, de la droiture & de l'équité.
En un mot, un Heros Chrétien
represente en même tems l'honnête homme Chrétien ; & en ce sens
on peut regarder Saint Loüis, Roi
de France, comme le modele des
Heros Chrétiens. La valeur intrepide de ce Monarque étoit d'autant plus solide, qu'elle étoit ani-
mée par les grands motifs de la
Religion.

Une vertu bornée ou contrefai-
te se dément bien-tôt, comme dit
Plutarque ; mais quand elle pourroit toujours éblouïr les yeux par
de fausses lueurs, elle ne sçauroit
jamais avoir, ni les charmes, ni la
conviction, ni l'efficace de la veritable vertu, dont le propre est
d'élever l'homme au-dessus de
tous les évenemens de la vie, &
de n'agir en rien par passion ; les
épreuves & les revers de fortune
les plus humilians ne servent qu'à
la faire paroître dans tout son brillant, & c'est ce qu'on a remarqué
dans l'auguste Prince dont nous
parlons.

Tandis que nous sommes sur
cette matiere, dit Lescure, il
faut que je vous avoüe que l'espece d'heroïsme qui m'a le plus
frappé, c'est celle qu'on remarque dans la conduite de ces zelés
Missionnaires qui vont de sang
froid affronter tous les périls d'une

longue & pénible navigation, &
qui animés pour la gloire de Dieu
& pour le salut des ames, ne sont
point ébranlés dans les souffrances,
ni étonnés des dangers qui les en-
vironnent de toutes parts au milieu
des nations barbares & féroces.
Leur intrepidité est telle que la vûë
des opprobres, des ignominies &
des tourmens les plus cruels, ne
peut lui donner aucune atteinte.

Un Missionnaire, tel que vous
le dépeignez là, répliqua Marcel,
a encore de commun avec le Heros Chrétien, ce caractere de simplicité dont nous venons de parler,
& qui semble exclure tout retour
sur soi-même. Il est aussi naturel à
un veritable Heros de faire dans ce
goût-là les plus belles actions, qu'il
l'est à un homme ordinaire de se
chercher lui-même en tout; s'il
fait du bien, il le fait indépen-
damment du principe commun,
c'est-à-dire, qu'il n'envisage que

e feul plaisir qu'il trouve à faire
les heureux ; toutes fes actions
tiennent de ce caractere de simplicité heroïque , & c'est ce qu'on
remarquoit dans M. le Prince de
Conti , celui que la voix publique
trouvoit si digne , non-feulement
de la Couronne qu'il manqua, mais
de toutes les Couronnes du monde. C'est une phrafe ufée , mais
pourtant toujours vraye , de dire ,
que rien n'approche tant de la Divinité que les bienfaits & les actions genereufes.

Une des grandes maximes du
Prince dont vous parlez , interrompit Lefcure, étoit que l'emploi
le plus charmant eft de faire des
heureux,& que le fpectacle le plus
intereffant eft la vûë des heureux
qu'on a faits.

Il n'y a au-deffus de cela , reprit Marcel, que le bonheur de
faire le bien uniquement en vûë
de Dieu , perfuadé que c'est à lui-

même qu'on donne dans la personne de l'indigent. Au reste, continua-t'il, j'aime assez cette pensée
de la Bruyere: Je n'envie point aux
Grands leurs honneurs, dit-il; leur
autorité, leur somptuosité, ni en
un mot rien de ce faste qui les
environne, mais je leur envie le
pouvoir de faire des heureux. Si
un Grand, ajoute le même Auteur, a quelque degré de bonheur
sur les autres hommes, je ne de-
vine pas lequel, si ce n'est peut-
être de se trouver souvent en état
& dans l'occasion de faire plaisir;
& quand une pareille conjonctu-
re se présente, il semble qu'il ne
doit pas balancer de s'en servir,
& qu'il doive même apprehender
qu'elle ne lui échappe, sur-tout
s'il s'agit de secourir un homme
de bien, ou un galant homme;
mais comme c'est une chose juste,
il doit prévenir toute sollicitation,
& n'être vû que pour être remer-

...ié ; fans chercher à faire valoir le bienfait ; fentir le merite, & quand il eft une fois connu, le bien trai-ter : deux grandes démarches à faire tout de fuite, & dont la plûpart des Grands font fort incapables.

Marcel, qui eft fort Partifan du grand Scipion, prit occafion de s'étendre ici fur la conformité qu'il trouvoit entre les admirables qualitez du Prince de Conti, & celles de fon Heros antique ; il s'arrêta particulierement à faire remarquer à fes amis combien l'un & l'autre étoient fenfibles aux charmes de l'amitié.

Le Prince, pourfuivit-il, avoit cette façon d'aimer du bon vieux tems ; rien ne manquoit à cet égard à fes fentimens, foit pour la délicateffe du goût, foit pour la vivacité de la tendreffe ; l'on en pourroit juger par le feul trait que voici : M. de Marivaux, homme

d'un merite rare, étoit un de ceux
qu'il aimoit le plus. Ce Courtisan étant tombé malade à la
veille d'une grande fête que devoit donner le Prince, il se dé-
termina dans le moment à re-
mettre cette fête jusqu'au rétablis-
sement de la santé de son ami,
quoique les dépenses & les prépa-
ratifs fussent déja faits pour le jour
que devoit commencer la fête, il
prétexta quelqu'autre raison pour le
délai envers les Seigneurs & Dames qu'on avoit invités au festin;
mais il avoüa tout naturellement à
Madame la Maréchale de Noail-
les qu'il ne pouvoit y avoir de fête
ni de joye pour lui, tandis qu'il
voyoit son cher Marivaux aux por-
tes de la mort.

Les délices de l'amitié, répliqua Lescure, ne sont que pour les
cœurs de cette trempe; les cœurs
bas & interessez ne sçauroient en
avoir d'idée: aussi ces sortes de
douceurs

ouceurs leur font-elles abfolu-
ment inconnuës.

Vous n'ignorez pas, continua-
il, quelle étoit cette amitié fi mémorable entre Augufte & Mécene; & vous aurez fans doute remarqué le trait hardi du Favori
pour la gloire de fon Maître, lorfqu'en plein Senat il lui fit paffer
de main en main fes tablettes
où il écrivit à la hâte ces mots:
Leve-toi, Bourreau; il étoit dans ce
moment outré d'une vive douleur
de voir que l'Empereur ne finiffoit
pas de figner des arrêts de mort.
Ce n'étoit pas là de ces amitiez
pueriles d'un Prince foible pour
un vil adulateur, ou pour un Favori infolent, dont la haute fortune fait tout le merite.

Les vrais amis, dit Marcel, font
ceux, qui jaloux de notre réputation, font ingenieux à nous réveiller fur tout ce qui peut lui donner
quelque atteinte. L'infipide flat-

teur est un ami digne de ces cœurs
de boue, incapables d'envisager
les choses dans leur veritable jour,
ou de sentir le prix d'un pareil
zele.

Celui qui pense de façon, non-
seulement à recevoir avec reconnoissance les avis qu'on lui donne, mais à avoir encore le courage d'engager ses amis à de pareilles démarches, ne peut gueres
manquer de se perfectionner en
peu de tems ; on peut d'avance
juger favorablement d'un tel homme sans craindre de se tromper.

Au reste, ajouta-t'il, je pense
qu'on seroit assez embarrassé pour
décider qui mérite plus d'être admiré dans le trait que nous venons
de voir, ou de l'Empereur, qui
enchanté de l'action de son ami,
jette à l'instant la plume fatale,
ou de Mécene, qui, pour sauver
la gloire de son Prince, s'expose

ans héfiter à tous les effets de fon indignation.

La chofe ne me paroît pas fi difficile à decider, reprit Lefcure ; Mécene connoiffoit le caractere de l'efprit & du cœur d'Augufte, & avoit d'autant moins à craindre de déplaire à fon Maître, que celui-ci ne pouvoit ignorer le motif qui le faifoit agir. La confiance même du Favori fait l'éloge de l'Empereur, & doit par conféquent faire paroître à nos yeux fa conduite dans cette rencontre la plus digne d'être admirée.

Je vous avoüe, dit Hamilton, que rien ne me touche tant dans les mœurs des Anciens, que leur religieufe exactitude en amitié ; il paroît qu'ils s'en piquoient comme de la qualité la plus effentielle d'un homme d'honneur, & qu'ils en tiroient même autant de gloire que des vertus les plus éclatantes.

G ij

Voilà des façons de penser peu connuës de nos jours.

L'heure du souper mit fin à cet Entretien, & les quatre amis sortirent ensemble des Thuilleries pour aller passer le reste de la soirée chez Madame la Marquise de Mezieres, d'où Lescure se retira de bonne heure pour se disposer à un voyage le lendemain.

ENTRETIEN II.

L'ABSENCE de Lescure ne fut pas longue : son premier soin à son retour à Paris, fut de chercher Marcel ; ne l'ayant pas trouvé chez lui, il alla aux Thuilleries, où on lui dit qu'il pourroit le trouver. Son ami qui l'apperçut de loin, quitta brusquement une bande de Nouvellistes dont il écoutoit les bruyantes disputes, & courut au-devant de Lescure avec ce tendre empressement qu'inspire une amitié vive & sincere. Après les embrassades & les témoignages réciproques de joye, Lescure fit à son ami le détail de son voyage. Voilà, lui dit-il en finissant son récit, tout ce que la sterilité du lieu & des compagnies me met en état de vous dire de ma course : j'attens de vous un récit plus interessant.

G iij

A vous dire le vrai, répondit Marcel, j'ai à vous entretenir de bien de petites choses, qui, au défaut d'évenemens considerables, pourront peut-être vous amuser un peu.

Je commencerai par ce qui m'arriva le lendemain de votre départ. J'allai ce même jour chez notre bonne amie, où l'on vous trouva fort à dire : il s'y forma sur le soir une assez belle assemblée ; l'on parla dans une suite de conversation d'un Seigneur du premier rang, qui, après avoir passé jusques-là sa vie dans l'éclat des grandeurs & de la plus haute élevation, venoit de se fixer à une vie retirée, résolu de finir le reste de ses jours dans la solitude.

Comme on entroit dans le détail des grandes qualitez qui le distinguoient dans le monde, je pris garde à un jeune homme qui paroissoit prendre un interêt tout

particulier à ce difcours. Une cu-
riofité empreffée à s'informer du
lieu où ce Seigneur s'étoit retiré,
de fon genre de vie & de fes occupations, me fit juger avantageu-
fement , & de fes motifs , &
de fa perfonne. Son air noble &
modefte m'avoit déja prévenu en
fa faveur ; la fageffe de fes difcours & la beauté de fes fentimens me firent enfuite une impreffion fi vive, qu'il me tardoit
fort de le connoître plus particulierement. Ceux que j'interrogeai
fur fon fujet , m'en parlerent de
maniere à augmenter mon impatience de pouvoir le rejoindre , &
je me fuis conduit en cela de façon que nous fommes actuellement lui & moi en grande liaifon.
Quelque éloignement que vous
ayez pour les jeunes gens , je me
flatte que vous voudrez bien a-
gréer qu'il foit de notre prochaine
partie de campagne.

G iiij

Ma repugnance pour le commerce des jeunes gens, répliqua Lescure, ne m'empêchera pas de distinguer toujours avec plaisir ceux qui auront votre approbation ; ce qui est de votre goût, ne peut que l'être du mien.

Celui dont je vous parle, reprit Marcel, n'a aucun des défauts ordinaires à la jeunesse ; c'est un mérite solide, & toutes ses pensées sont tournées à la vertu. Je vais vous rapporter quelques traits qui pourront vous donner une idée de son caractere, & de ses façons de penser.

Comme nous nous entretenions seuls ces jours passez à la promenade : vous avez entendu, me dit-il, ce qu'on racontoit derniere-ment de ce Grand, qui a pris le parti de se sequestrer du monde : ce recit m'ayant frappé, je me déterminai à l'aller voir dans sa solitude ; m'étant muni d'une Let-

...re d'un Religieux qu'il considere
beaucoup, je lui exposai, en la lui
préséntant, ce qui me faisoit prendre la liberté de l'interrompre par
ma visite. Il me reçut avec bonté,
& daigna m'entretenir ensuite des
douceurs qu'il goûtoit dans cet
état. M'ayant retenu chez lui le
lendemain, il m'honora de plusieurs entretiens dans le cours de
la journée. Comme nous nous pro-
menions sur une terrasse, il s'arrêta quelque tems à me faire remarquer la beauté du païsage : si ces
paisibles lieux, dit-il, ne presentent pas de plaisirs vifs, à ce défaut on a celui d'y respirer un air
pur, & de joüir d'un précieux calme ; mais l'essentiel est qu'on y
apprend à se dépoüiller de toutes
les vûës humaines, à méprifer de
plus en plus les vanitez du monde, à considerer de sang froid le
vuide, le néant & l'illusion de ses
grandeurs, à réfléchir pleinement

sur les dangers des places éminentes, sur l'extrême folie de se tour-
menter pour des fantômes d'honneur, de rang & de prééminence,
pour de faux biens qui font perdre les biens réels & permanens
de l'éternité. A l'abri de la fascination & de l'enchantement du siecle, on pese à loisir les terribles
maledictions prononcées d'une
maniere si formelle contre ceux
qui ont leur consolation dans ce
monde, & l'on se fixe pour toujours à ce seul point de vûë, que
l'unique affaire necessaire ici bas,
est de se mettre en situation à pouvoir vivre & mourir en Chrétien.

Je serois trop long, continua le
jeune homme, si j'entreprenois de
vous rapporter tout ce que ce Seigneur me dit de solide sur les
avantages de la vie retirée, & sur
les inconveniens de la vie tumultueuse. Vous croyez bien, ajouta-
t'il, que je l'écoutois avec une res-

...ectueuse attention. Très-satisfait
...e mon voyage, je m'en revenois
... Paris, lorsqu'en traversant la Fo-
...êt de Senare, j'entendis derriere
...oi un petit garçon qui entrete-
...oit mon valet. M'étant retourné
...our voir ce que c'étoit, celui-ci
...int me dire que cet enfant lui par-
...oit d'une Dame, qui depuis deux
...u trois heures étoit à pleurer dans
...ne route à côté de celle où nous
...tions. J'interrogeai là-dessus le
...etit drôle, qui, en me confir-
...nant la chose, me dit qu'ayant
...û cette Dame sortir de sa chaise,
...& se détourner un peu dans le
...ois, il eut la curiosité de la sui-
...vre dans l'épais des arbres pour
...n'être pas vû, & que peu de mo-
...mens après il la vit s'entretenir
...ong-tems avec un homme assez
...mal mis; qu'ils se parloient avec
...beaucoup d'action, & qu'enfin cet
...homme l'avoit quittée fort brus-
...quement; que la Dame resta en-

suite couchée sur l'herbe, où elle
étoit actuellement dans les lamen-
tations & les gemissemens.

Cela me parut avoir l'air de
quelque avanture galante ; mais je
ne sçavois comment concilier cette idée avec le portrait qu'on m'a-
voit fait du Cavalier. Sans aucun
dessein de faire le Chevalier er-
rant, je me laissai aller à la curiosité de voir ce que ce pouvoit être.
Je me trouvai à deux pas de cette
personne avant qu'elle m'apperçût ;
je l'abordai avec la politesse & le
respect convenables : elle me parut
neanmoins surprise & effrayée à
ma vûë. Je me hâtai de lui parler
de maniere à la rassurer ; ses premieres réponses furent assés seches,
mais faites avec esprit. Je ne me
rebutai point ; je la suppliai avec in-
stance de vouloir bien m'apprendre le sujet de cette douleur dont
je la voyois accablée, & si dans une
telle situation je pouvois être assez

heureux pour lui être bon à quelque chose.

Là-dessus elle me remercia avec
beaucoup de politesse ; & la conversation s'étant ainsi engagée,
elle m'apprit que son affliction
venoit du bizarre procedé d'un
pere qu'elle aimoit uniquement;
qu'il s'étoit mis en tête de s'ense-
velir pour le reste de ses jours dans
ce desert, & que s'étant joint à
une troupe d'insensez fanatiques,
qui vivoient là dans une affreuse
austerité, il étoit déja si prodigieu-
sement defiguré, qu'elle eut de la
peine à le reconnoître. Elle ajouta
que lui ayant envoyé inutilement
plusieurs messages pour tâcher
de lui faire entendre raison, elle
s'étoit enfin determinée à le venir
trouver elle-même dans l'esperance de pouvoir le tirer de cette fré-
nesie; mais qu'il étoit tellement
saisi de ses vertiges héremitiques,
que ses prieres ni ses larmes ne
pûrent l'ébranler.

Ne voulant pas, continua-t-elle, que la scene que je viens d'avoir avec lui parût devant ces Hermites, j'ai envoyé un Domestique pour le conjurer de ne me pas refuser la consolation de me venir trouver ici. Il a paru étonné & touché de ma démarche ; cependant il a eu bien de la peine à se déterminer à cette entrevûë, & sa dureté est à un point qu'il ne veut pas même m'écouter; il m'a enfin quittée avec précipitation, sans paroître nullement émû de la désolation où il m'a laissée.

Comme elle prononçoit ces paroles entrecoupées de sanglots, je vis venir le Domestique qu'elle avoit renvoyé à son frere pour tâcher de le fléchir. Il n'y a rien à faire, Mademoiselle, lui dit-il, sans me permettre de lui parler, il m'a ordonné de me retirer sur le champ, & de vous dire qu'il vous demandoit en grace de le laisser

n repos, que tous vos efforts
voient inutiles, & que rien ne
pouvoit le détourner du parti qu'il
avoit pris.

Elle se leva là-dessus, en décla-
rant de nouveau contre les pau-
res Hermites, & contre la féro-
té de son frere. Je l'accompa-
gnai jusqu'à sa chaise, où elle
monta avec une autre personne,
que je compris être sa femme de
chambre. Elle me parla poliment
sur mon honnêteté, & me quitta
en me faisant beaucoup de remer-
cimens.

En réfléchissant sur cette avanture, je me reprochai de n'avoir
pas pris quelques mesures pour
découvrir qui elle étoit, & me
mettre un peu mieux au fait de ce
dont il s'agissoit. Je ne me hazardai pas à former de jugement sur
tout cela; quoique l'excès de sa
douleur & la vivacité de ses expressions semblassent denoter au-

tre chofe que l'amitié entre frere
& fœur.

Me voyant fi à portée des Her-
mitages en queftion, je me deter-
minai à aller voir ce que c'étoit
que ces Hermites. Le férieux où
me mit l'affliction de la Demoifelle, ne put m'empêcher de rire
des épithetes qu'elle leur donnoit
avec tant de feu. J'en trouvai un à
l'entrée de leur demeure, qui tra-
vailloit dans un petit jardin.

Défirant d'approfondir ce que
je venois d'apprendre, je l'abordai avec civilité ; & m'étant ap-
perçu qu'il avoit l'efprit aifé & naturel, je commençois à l'entretenir fur fon état, lorfqu'au fon
d'une petite cloche je le vis quitter fa béche en me faifant des ex-
cufes fur la neceffité de fon devoir, qui l'appelloit à l'Office avec
fes Freres. Je le fuivis à la Cha-
pelle, où je vis s'affembler ces
bons Solitaires au nombre de huit

ou

ix. Frappé à leur aspect, & con-
derant leur air recüeilli, morti-
fié & pénitent, je me disois à moi-
même : Voilà les veritables Ci-
toyens de la Jerusalem celeste ;
voilà ceux qui sont parvenus à la
sublime connoissance du prix de
la pauvreté volontaire, des humi-
liations & des souffrances ; c'est
sans doute sur ces ames heroïques
qui ne gardent plus de mesure
dans leur sacrifice, que le Seigneur prend plaisir à répandre ses
benedictions & ses graces les plus
abondantes. Occupé de ces pensées, je demeurai quelque tems
immobile à les regarder, & à envier leur sort. Comme je voyois que
leur Office ne devoit pas finir si-tôt,
& qu'il étoit déja tard, il fallut me
déterminer à quitter un spectacle
si touchant pour reprendre le che-
min de Paris. Il me restoit cependant le regret de n'avoir pû m'in-
struire de ce que je voulois sça-

I. Partie. H

voir, ni démêler qui d'entr'eux
pouvoit être ce frere en question.
Ils ne sont point habillés en Hermites, * mais ils ont des habits si
mal faits, & l'air si negligé, qu'on
voit bien que le soin de leur corps
est ce qui les occupe le moins;
leurs visages pâles & decharnés
montrent assez quelle doit être
leur austerité & la frugalité de
leur vie, & il paroît bien qu'ils
veulent aller en Paradis à quelque
prix que ce soit.

Charmé, reprit Marcel, de ce
que je remarquois de vertueux
& d'ingenu dans le récit de mon
jeune homme, je ne m'avisai
point jusques-là de l'interrompre. Lui ayant dit alors, que j'é-
tois bien fâché de ce qu'il n'a-
voit rien appris de plus touchant
ce dont il venoit de me parler.

J'espere, répondit-il, être bien

* Cela étoit ainsi alors.

oit en état de vous satisfaire sur ce point; je dois rendre dans peu une seconde visite à ce Seigneur, & je n'obmettrai rien pour me mettre au fait de tout ce dont il s'agit.

Prenez garde, lui dis-je alors, que vous ne vous trouviez tenté de vous joindre à ces bons Anachorettes.

Ma lâcheté, répliqua-t-il, m'est un préservatif assuré contre pareilles tentations; & quoique je sçache assez que rien n'est plus heureux que de se voir en situation de ne tenir à rien dans ce monde, je ne me sens pas encore le courage d'en vouloir faire l'experience : il m'arrive cependant, ajouta-t'il, de penser souvent aux douceurs d'une sainte solitude, & de regarder comme les hommes les plus sensez ceux qui prennent pour leur partage les biens à venir, & qui n'ont que du mépris pour les biens caduques & paſſagers.

Ce ſont-là en effet, lui dis-je,
les plus ſenſez & les plus heureux
de tous les hommes ; mais cette
verité ne ſuppoſe pas la neceſſité d'embraſſer un genre de vie
extraordinaire & impraticable ; ce
qui eſt outré à ce point, étant au
deſſus des forces humaines, ne
ſçauroit être de durée.

Si l'homme, interrompit-il, n'a-
voit d'autre appuy, ni d'autres
reſſources que ſes propres forces,
jamais il ne pourroit s'élever à rien
de grand ; mais la Foi lui apprend
qu'il peut tout par celui qui ſçait
faire tout de rien.

Je ne penſe pas, continua-t'il, à
me livrer aux ſaillies d'une exceſ-
ſive auſterité ; il eſt pourtant vrai
que ma Religion m'apprend, que
pour pouvoir participer à la vie
glorieuſe de l'Homme-Dieu, il
faut avoir participé à ſes ſouffran-
ces ; elle m'apprend, en un mot,

la neceſſité d'une vie penitente & mortifiée. Nous ſommes ingénieux dans le monde à vouloir nous é-tourdir ſur cet article, & à nous aſſoupir dans une fauſſe ſécurité ; il nous eſt encore aſſez ordinaire de chercher à être trompé, lors même que nous ſemblons vouloir être éclaircis, & connoître les voyes de Dieu ; nous paroiſſons quelquefois deſirer la ſcience des ſaints ; nous admirons leurs ver-tus heroïques, & nous nous en te-nons à cette ſterile ſpéculation.

D'un autre côté, par un contraſ-te des plus bizarres nous traitons de foux & d'inſenſez ceux que nous voyons ſe diſtinguer devant nos yeux par ces mêmes vertus, & ſuivre ces mêmes traces : ce-pendant ſur le point de paroître devant le redoutable Tribunal de Dieu, nous voudrions avoir imité leur conduite, qui nous paroiſſoit extravagante.

Je conviens, lui dis-je, que ce
n'est pas un mediocre bonheur de
se trouver degagé des embarras
du siecle, & à l'abri de ses écüeils
cet état ne présente rien qui ne soit
consolant : c'est sans doute dans la
retraite que l'on apprend à fixer
paisiblement ses pensées aux années éternelles : comme on s'y for-
tifie de plus en plus dans une vie
innocente & reglée, l'on y coule
ses jours dans un doux calme ; mais
il ne s'ensuit pas de tout cela qu'il
faille se condamner à un genre de
vie triste, feroce, accablant. L'on
peut d'ailleurs faire son salut dans
le monde comme dans la plus affreuse solitude ; on peut enfin en
toutes sortes d'états remplir l'obligation de porter sa croix, & de
suivre son Divin Maître.

Je ne vous conteste point ce
fait, interrompit-il, on le peut sans
doute ; mais permettez-moi de
vous demander quel est l'état ou

on trouve plus de fûreté, d'en-
couragement & de facilité pour
affaire du falut.

Un vaiffeau fragile & foible
foît-il auffi en fûreté fur une mer
orageufe & au milieu des tempê-
tes, qu'il pourroit l'être à l'abri d'un
on Port ? Ma queftion vous em-
barraffe, je le vois; mais je vous
difpenfe d'y répondre. Tout le
ain fophifme de la prudence char-
elle ne fçauroit par fes principes
opres y faire une réponfe fo-
de & jufte.

Pour le coup, Monfieur, re-
ris-je en riant, je vous regarde
éja comme un Habitant de la Fo-
t de Senare.

Vous allez un peu vîte dans vos
onfequences, repartit-il ; il ne
agit ici ni de froc, ni de forêt,
ais il s'agit des avantages de la
e retirée. Si le monde eft pour
oi un écüeil continuel, fi ma foi-
leffe eft telle, que je ne puiffe

avec toutes mes résolutions resif
ter au torrent de ses maximes, d
ses usages & de ses exemples
que me reste-il de mieux à fair
que de le fuïr ? Tout doit me por
ter à m'en détacher, à le mé
priser, & à chercher le précieu
bien de la paix du cœur, que ja
mais il ne sçauroit donner à per
sonne.

Au reste, comme l'affaire d
mon salut est mon uniqu   & im
portante affaire, tout est fait pou
moi, si je suis assez heureux pou
prendre là-dessus les mesures le
plus justes; tout est perdu pour moi
si je m'oublie sur ce point. Peut-on
d'ailleurs trop aspirer à la perfec
tion Chrétienne, & au degré d
gloire pour lequel on peut êtr
destiné, mais qu'on peut perdr
par sa faute en se prêtant aux niai
series d'ici-bas ?

Voilà où nous en étions, repri
Marcel, lorsque nous fûmes joint
pa

r un fâcheux qui debuta par
ous entretenir de plusieurs fa-
ifes ; vous connoissez, je pense,
L. de F… c'est lui.

Je ne connois autre, dit Lef-
re, & je le connois pour être
e tous les fâcheux le plus incom-
ode : il parle quelquefois sur
ertaines matieres comme s'il
oit de l'esprit ; mai il cesse d'im-
ser à la seconde conversation
'on a avec lui, étant de ces gens
ui ne doivent qu'à leur ton éle-
é & decisif l'attention qu'on est
rcé de leur prêter. L'on a bien
e la peine, continua-t'il, à pou-
ir éviter la rencontre de ces for-
es de personnages ; si vous me
oyez là-dessus d'assez mauvaise
umeur, c'est qu'il faut vous dire
ue j'ai été tous ces jours passez
failli d'une troupe de gens des-
œuvrez dont l'ennuyeuse volubi-
té m'assommoit ; le desert de vo-
e jeune homme m'eût été dans

I. Partie. I

cette rencontre d'un grand soula[ge]gement : au reste, ce que vous ve[nez] de me dire de lui, me donn[e] une extrême impatience de [le] voir, & d'apprendre les circo[n]stances de son second voyage.

Je ferai ensorte, répondit Ma[r]cel, de l'avoir ici avec nous à so[n] retour ; il est d'une figure des pl[us] gracieuses ; les agrémens de so[n] esprit répondent à ceux de son e[x]terieur, & sa modestie est tell[e] qu'on diroit qu'il ignore les ava[n]tages qu'il tient de la nature.

En badinant avec lui sur la re[n]contre de la Forêt, je lui dis, qu[e] l'envie de connoître plus partic[u]lierement la belle affligée, po[u]voit bien être le vrai motif de c[e] second voyage.

Vous avez donc, dit-il, ass[ez] mauvaise opinion demoi, pour m[e] croire avide d'avantures.

Je n'en ai pas d'assez mauvais[e] lui répliquai-je, pour vous croi[re] incapable de tendresse.

Je ne me défends point, répar-it-il, d'être né tendre ; mais je vous avoüerai avec la même inge-nuité, que je ne suis point du tout galant.

Il convient pourtant, repris-je, de l'être un peu à votre âge ; le desir de plaire éleve l'esprit, & le commerce des femmes raison-nables est une excellente école, tant pour inspirer la veritable po-litesse & le bon goût, que pour former le cœur & l'esprit.

Vous exposez-là, dit-il, les choses dans leur meilleur point de vûë ; il ne s'agit plus que de ti-rer le rideau sur le reste. S'il étoit question de vous parler ici dans le serieux, je vous dirois que je ne pense pas de façon à faire quelque cas de ce que je m'imaginerois ne devoir qu'au seul hazard de m'ê-tre presenté ; car que seroit-ce que d'être aimé, si on ne l'étoit par

les endroits qui peuvent meriter
quelque estime ?

Je comprens, dit Lescure, que
le commerce de votre jeune homme nous conviendra fort , & que
si nous avons à le disputer avec
quelqu'un , ce ne sera pas avec les
femmes.

Vous croyez bien , reprit Marcel, que ce n'étoit que dans la vûë
de démêler ses façons de penser
que je lui tins ces propos.   Tous
ses désirs se terminent à la veritable sagesse , & il en connoît tout
le prix : dès qu'il entend parler de
quelqu'un de ces Sages, tels à peu
près qu'on nous dépeint les Hommes illustres de l'Antiquité, il té-
moigne un désir empressé de le
connoître.

Je vous avoüerai à ce propos,
interrompit Lescure, que j'ai souvent admiré la loüable curiosité
de ceux qui, sur la seule réputation
des Thalès , des Solons , des Pi-

thagores, entreprenoient de longs
& penibles voyages pour les voir
& pour les étudier.

Je suis persuadé, dit Marcel,
que vous admirez encore davantage les démarches de ceux qui
cherchent avec la même émulation la solide sagesse du Christianisme. L'on ne peut, ce me semble, que bien augurer des dispositions de ceux qui sont empressez
à connoître les personnes douées
de la science des Saints, singu-
lierement favorisées de Dieu, &
qui paroissent visiblement conduites par son esprit : la sublimité de
leurs lumieres & de leurs expressions a quelque chose de bien
frappant. Nous voyons dans l'Histoire Ecclesiastique une infinité
de Princes & de Princesses en
qui l'on remarquoit un saint empressement pour ces sortes de dé-
couvertes ; on a vû regner ce goût-
là pendant plusieurs siecles, & il

paroît qu'ils trouvoient une solide
satisfaction dans les entretiens de
ces bonnes ames, où ils puisoient
des lumieres qui réjaillissoient sur
leurs sujets.

Il ne se peut, qu'en voyant dans
ces ames privilegiées les operations merveilleuses du Très-haut,
l'on n'en soit véritablement touché, & qu'on ne s'accoutume enfin à soupirer avec eux pour les solides biens de l'éternité : c'est-là, sans
doute, le commerce de la vie dont
on peut tirer le fruit le plus heureux, & le contentement le plus
pur. Il faut à la verité, ajouta-t'il,
avoir pour cela certaines dispositions peu connües parmi les gens
du monde : il faut sentir tout le
prix de la simplicité Chrétienne,
de la petitesse Evangélique, de
l'humilité, & de cette aimable
candeur qui caractérise singulie-
rément l'honnête homme Chrétien : je pense qu'on doit regarder

comme un vrai bonheur d'avoir
part aux prieres de ces ames che-
res du Roi du Ciel & de la Terre.
Nous avons encore de nos jours,
dit Lescure, une exemple frappant de ce que vous venez de dire, & cela dans la personne d'un
Prince, dont les rares vertus font
l'admiration de toute l'Europe.
Fatigué du poids de sa grandeur,
on le voit gemir en secret de ne
pouvoir joüir du privilege des simples particuliers, pour se déga-
ger des embarras du siecle, &
éviter les écüeils de son état.
Heureux, ajouta-t'il, le Prince
à qui Dieu ôte ainsi l'esprit de
Prince, & à qui il fait connoître
les pieges & les dangers d'une
grande élevation, dont la mesure
fait toujours celle des difficultez
pour le salut!

Si notre entretien, dit Marcel,
étoit entendu de quelqu'un de nos
Sages du siécle, ils ne manque-

roient pas de s'égayer sur notre
simplicité ; peut-être même croi-
roient-ils nous faire grace en ne
nous donnant que les épithetes
de bigots, ou de visionnaires.

Hé ! peut-on s'embarrasser un
moment, repartit Lescure, de ce
que peuvent penser les prétendus
esprits forts ? Leur conduite dé-
note assez les raisons qu'ils ont
pour vouloir aneantir tout ce qui
confond l'orgüeil & la vanité : ils
sont trop ingenieux à se tromper
eux-mêmes, pour ne pas rejetter
avec mépris les choses propres à
faire triompher la Religion des
égaremens de l'esprit & du cœur,
& ils sont trop peu de cas des miacles, pour qu'il leur soit donné
d'y être sensibles.

Mais revenons à ces Solitaires
de la Forêt de Senare, qu'on traite d'insensez. J'ai oüi dire qu'il y
a parmi eux des hommes dont le
merite étoit estimé dans le monde.

Quoi qu'il en soit, continua-t'il, je vous avoüe que quelque res-pect que j'aye naturellement pour la vie sainte de ceux qui semblent être morts au monde & à eux-mêmes, je me sens neanmoins un peu revolté contre un genre de vie qui tend à abreger ses jours de son autorité propre; à être en un mot homicide de soi-même; & je doute que notre sainte Mere l'Eglise autorise en effet pareils excès.

Vous n'êtes pas le premier, dit Marcel, qui ait formé pareil dou-te; mais ce doute doit disparoître en considerant la conduite de l'E-glise dans les honneurs qu'elle rend continuellement à la memoi-re de tant de milliers de Saints, dont les austeritez ont été bien au-delà de celles des Solitaires dont nous parlons: & comment n'approuveroit-elle pas ce que Dieu lui-même a daigné, pour ainsi dire, canoniser par les miracles & les prodiges ? Combien d'Ordres Religieux qui ont signalé leur naissance par une vie beaucoup plus severe & plus rigoureuse que tout ce que nous voyons de nos jours; & apparemment que vous ne doutez pas que tous ces differens Ordres n'ayent été approuvez par l'Eglise ?

Au reste, poursuivit-il, nous voyons bien la vie penible & laborieuse de ces Pénitens, mais nous ne voyons pas les douceurs secretes & les consolations, qui non-seulement leur rendent leurs peines legeres, mais les leur changent en delices: la joüissance anticipée des biens éternels qu'ils conçoivent par l'esperance, surpasse infiniment tout ce que le monde a de plus flatteur.

C'est ainsi que Dieu, toujours admirable dans ses Saints, a mille moyens pour dédommager ceux

qui sont assez courageux pour lui
faire quelque sacrifice ; & c'est
ainsi que les vrais pénitens goû-
tent mille fois plus de joye & de
contentement dans leur état de
privation & dans leurs travaux, que
ne font les heureux du siecle au
milieu de leur faste & de leur opulence : une crainte continuelle &
bien fondée empoisonne la fausse
félicité de ceux-ci : une esperance pleine & entiere met le comble à la solide felicité de ceux-là.
Après tout, quel est cet heureux du
siecle , qui dans l'instant terrible
qui va decider de son sort éternel,
ne voudroit avoir passé sa vie dans
l'état le plus propre à assurer son
salut ? Il ne peut ignorer qu'il faut
pour cela être dans l'heureuse habitude des actes de foi, d'esperance, d'amour & de contrition ;
entrer dans un esprit de com-
ponction, prier avec ferveur, s'a-
néantir, gemir sur ses miseres ; &

c'est ce qu'une personne plein
des pensées du monde, toute li-
vrée à ses maximes & à ses usages,
n'est gueres en état de faire.

Il est certain, ajouta Lescure
que tandis qu'on a le cœur & l'esprit occupés des grandeurs, de
fortunes & des établissemens d
monde, l'on n'est gueres en éta
de penser serieusement à ceux d
l'éternité : on se trouve si bien dan
son éxil, au milieu des douceurs
des commoditez & des agrémens
qu'on est peu capable de soupire
pour la vraye patrie : enyvré d
tout ce qui peut flatter les fens
on n'a ni la volonté, ni le loisir d
fixer ses regards sur les choses à
venir.

L'on peut donc conclure de-là
reprit Marcel, que c'est par de
desseins de misericorde, pour sup-
pléer à notre foiblesse, & pou
nous garantir de ce funeste aveuglement, que Dieu permet qu

nous soyons privés de ces faux
biens qui nous font oublier les vé-
ritables. Celui qui n'a point ici-
bas d'attachement, & qui n'y trouve rien de consolant ni de ré-
jüissant pour lui, tourne tout naturellement ses pensées vers le ter-
me qu'il croit devoir le rendre
heureux. S'il est vrai qu'on ne se
perd que par défaut de réflexions,
il ne reste rien de mieux à faire
dans ce monde, que de se mettre dans la situation la plus propre
à pouvoir en faire d'assez solides
pour ne pas craindre la mort.

Je crains, mon cher Marcel,
interrompit Lescure, qu'au lieu
de détourner notre jeune homme
de ses idées de solitude, vous ne
le determiniez à s'y livrer tout-à-
fait : il seroit sans doute dans la
joye & dans l'étonnement, si après
les propos que vous lui avez tenus,
il avoit entendu ce que vous venez de dire-là : au reste, vous ne

m'avez pas encore dit son nom
ni son âge.

Il n'a gueres plus d'une vingtaine
d'années , répondit Marcel , &
quant à son nom, c'est de Lude
je m'assure que vous serez enchanté de son caractere droit, naïf & ingenu; il a avec cela une excellente
éducation, l'esprit orné , sage &
delicat, une grandeur d'ame &
une noblesse de sentimens qui lui
attirent l'estime la plus parfaite.

Faites ensorte , je vous prie,
dit Lescure, qu'il ne nous échappe pas ; arrêtez-le d'avance pour
notre partie de campagne : vous
y aurez encore un homme dont
je pense que vous serez content ;
c'est un de ces Philosophes Chrétiens, dont les mœurs sont douces
& charmantes, ce qui le rend d'un
commerce délicieux ; il est homme de bien, & en même tems sociable, liant & enjoüé, d'un esprit
droit, naturel & aisé; vous le trou-

rerez tel qu'il nous le faut pour contribuer aux agrémens de notre solitude. Quoiqu'il ait l'esprit fort orné, jamais on ne le voit faire parade de rien ; mais sa fortune ne répond point à son mérite, elle est même très-mediocre ; cependant on le voit toujours content & tranquille dans son petit réduit. Il laisse à qui voudra à se repaître de ses chimeres.

Quand d'un côté, poursuivit Lescure, je vois un tel homme enseveli dans l'obscurité, & que de l'autre je considere l'état éclatant de certains Favoris de la fortune, dont le caractere, l'esprit & les sentimens n'inspirent que le mépris, je me rappelle ce que dit la Bruyere, que rien ne fait mieux comprendre le peu de chose que Dieu croit donner aux hommes, en leur abandonnant les richesses, les grands établissemens, & tous les autres biens de la fortune,

que la difpenfation qu'il en fait, &
le genre d'hommes qui en font d'or
dinaire les mieux pourvûs. Ils peu
vent à la verité fe faire admire
dans leur opulence, mais il appar
tient à d'autres d'être réellemen
heureux & contens.

Ni trop, ni trop peu, dit Mar
cel, c'eft le fouhait du Sage. Quar
aux Grands du monde, il faudro
la réünion de toutes les vertus en
femble, pour faire face à la mul
titude d'écüeils, de pieges & d
dangers qui les entourent de tou
tes parts; & s'il faut cette réünio
dans une même perfonne, qu
doit-on juger du fort de la plûpar
des riches du fiecle?

Tout ce qui fournit à l'impétuo
fité des paffions, a fans doute bie
de funeftes inconveniens, repr
Lefcure; mais il faut conven
d'un autre côté que la trifte ind
gence feroit toujours à redoute
quand elle n'auroit d'autre incon
venie

...nient que l'engourdissement de ...sprit, l'affoiblissement des talens, ...l découragement & l'amere suje-...on aux caprices des autres. Mais ...fin celui-là est veritablement ...che, qui sçait se contenter de ...eu, qui n'envie point le sort de ...eux qui le sont, & qui penetré ...e sa Religion, en remplit les de-...oirs avec simplicité. Rien, selon ...oi, ne convient tant que de se ...ire un systême de bonheur qui ...e depende que de soi, & de pen-...r (lorsque son sort n'est pas abso-...ment des plus malheureux) qu'il ...a des millions de personnes qui ...en trouveroient heureuses.

...Je ne trouve point d'état plus ...eureux, dit Marcel, que celui ...un Philosophe Chrétien, qui ...ait se faire une espece de soli-...de, même au milieu du tumul-...e de Paris, & y mener une vie ...anquille & degagée de tout em-...arras, qui n'a point de cour à

faire, ni d'interêt à menager, &
qui est plus riche avec ses deux
ou trois cent pistoles de revenu
que ne l'est le Duc & Pair avec
ses deux ou trois cent mille livres.

Voilà précisément, interrompit Lescure, la situation de celui
que je vous propose pour être
de notre societé ; il y est d'autant
plus heureux, qu'il a une grande
experience du monde, qu'il juge
sainement de tout, & qu'il connoît tout le prix de la vie de garçon.

Peut-être, reprit Marcel, est-
il du nombre de ces garçons sensez, qui fixent leur sejour à Paris
dans la vûë d'être plus libres, de
pouvoir choisir leurs cotteries,
& contenter en tout la delicatesse
du goût ; cela est très-conforme
à la droite raison & au bon sens.
N'avoir point de cour à faire, pouvoir faire un choix de compagnie,
être à couvert des visites ennuyeu-

douce situation, état naturel de l'homme sensé qui veut tirer parti de la vie.

C'est bien là sa façon de penser, répliqua Lescure; il regarde comme un point capital de pouvoir à son gré disposer de son tems & de ses occupations, employer ses momens utilement ou agréablement, & n'être pas dans la necessité d'en perdre aucun avec les personnages ennuyeux; & c'est assurément là la situation la plus heureuse qu'on puisse se proposer ici-bas. L'on n'a point d'affaires, & l'on ne s'embarrasse pas de celles des autres; dans ce doux repos on éprouve que rien n'est plus précieux que le loisir; non pas parce qu'on ne fait rien, mais parce que l'on fait ce qu'on veut; & c'est-là à peu près dans quel esprit un si grand nombre d'hommes raisonnables & éclairez se retirent à Paris. Fixé à un tel état, & en-

touré dans son cabinet de Livres
bien choisis, l'on peut dire avec
le Philosophe Ariste :

Oüi, tout m'attache ici, j'y goûte avec plaisir
Les charmes peu connus d'un innocent loisir
J'y vis tranquille, heureux, à l'abri de l'envie
La folle ambition n'y trouble point ma vie ;
Content d'une fortune égale à mes souhaits
J'y sens tous mes désirs pleinement satisfaits
Je suis seul en ce lieu sans être solitaire,
Et toujours occupé sans avoir rien à faire ;
J'ai mille Courtisans rangez autour de moi
Ma retraite est mon Louvre, & j'y commande
en Roi.

Il n'appartient après tout, continua Lescure, qu'à ceux qui sont
livrez à la fougue d'une aveugle
ambition, de se repaître de chimeres, & de s'abandonner au torrent
il est de l'homme sensé, & qui
sçait se servir de sa raison, de se
fixer à un autre train de vie.

Il n'y a, dit Marcel, qu'un certain âge qui soit propre pour la
fougue des dissipations ; mais lors

que la raison est dans sa juste matu-
rité, que le cœur est degagé des
folles passions, & que par l'experience de toutes ces niaiseries on
est devenu sage, l'on se determine
enfin à tourner toutes ses pensées
vers ce qui rend réellement heureux ; on ne respire que la paix du
cœur, le repos & la tranquillité
de l'esprit, comme étant le bien
le plus précieux qu'on puisse se
proposer ici-bas.

Si l'on connoissoit, poursuivit-
il, le prix de la liberté & de l'in-
dépendance, & combien il est aisé d'en joüir en se bornant à peu
de chose, l'on ne songeroit qu'à
se tirer du desagrément de la contrainte & de la gêne ; mais le sort
le plus commun & en même tems
le plus deplorable, est celui de se
deshonorer sans plaisir, & de ne
pouvoir se résoudre à vivre content : souvent l'esclave du caprice
des autres, l'on suit le torrent du

grand monde ; quoiqu'on éprouve
par la diversité de ses amertumes
qu'il n'a qu'un point de vûë, qui
seul lui donne de l'éclat, c'est-à-
dire, que semblable aux perspec-
tives, il ne gagne qu'à être vû de
loin.

Nous ne voyons que trop, reprit
Lescure, que ni l'âge, ni la longue experience des mécomptes
dans le train du monde, ne cor-
rigent pas toujours de la folie des
dissipations & des inutilitez ; &
assurément un vieillard empressé
à se donner en spectacle sur ce
pied-là, est un prodige de folie
& d'aveuglement. Combien en
voit-on qui dans un âge decrepit
conservent encore les manies &
les plus folles passions des jeunes
gens ? Telle est la tyrannie d'une
habitude inveterée, que la vûë
humiliante des desagrémens de la
caducité n'est pas toujours capable de la détruire.

Rien de plus terrible, dit Marcel, que cet esprit de prestige &
de fascination qui domine dans
le monde : c'est une espece d'enchantement qui fait oublier à
l'homme jusqu'à ses plus chers in-
térêts, & le rend son plus cruel
ennemi à lui-même, en lui faisant
rejetter le salut & la paix, pour
chercher sa perte parmi les vanitez & les frivoles amusemens du
siecle, toujours accompagnez de
l'agitation & du trouble.

Quel triste personnage ne fait-
on pas dans le monde, quand une
fois on est devenu la proye de la
vieillesse ? C'est sur-tout alors qu'on
devroit se dire bien serieusement,
qu'il n'est bon qu'à quitter & à mépriser, & que c'est en effet le meilleur usage qu'on en puisse faire ;
mais (comme vous disiez tout-à-
l'heure) quand une fois on laisse
trop dompter le cœur par les passions, elles aveuglent l'esprit jus-

qu'à lui ôter tout usage de ses lu
mieres. Au reste, ajouta-t-il, à quel
que âge qu'on quitte le monde,
ou qu'on renonce à ses vanitez,
l'on ne fait pas un grand sacrifice,
c'est renoncer simplement à une
illusion pernicieuse, à des maux
réels deguisez sous de vaines ap
parences de biens, c'est quitter
une desagréable servitude ; ca
que n'en coute-t-il point pour tâ
cher de lui plaire, ou pour men
dier ses faveurs ! Combien de tra
verses, d'inquietudes, de basses
ses & de lâchetez pour parvenir
à des fantômes d'honneurs qui ne
font que multiplier les chagrins
de la vie !

Gordon, qui depuis quelques
momens avoit rejoint ses deux
amis, prit ici la parole.

Il est étrange, dit-il, que l'ex
perience continuelle qu'on a des
desagrémens inseparables de la
vie tumultueuse & repanduë, ne

it pas suffisante pour en inspirer le dégoût. La fatigue de soutenir des nombreuses liaisons, les sujetions dans les menagemens pénibles de la multiplicité des connoissances, devroient seuls produire cet effet, ou du moins faire souvenir qu'il est plus sensé de vivre pour soi, que pour les autres.

Il faudroit pour cela, répondit Mescure, le loisir de la réflexion ; & ceux qui sont dans le train des amusemens variez & tumultueux, n'ont jamais le tems d'en faire : d'ailleurs, les plaisirs tranquilles leur paroissent trop insipides ; ils ne les connoissent, ni ne les veulent connoître ; il leur faut necessairement du piquant & de la diversité, quoi qu'il en puisse coûter à leur repos. Telle est, encore une fois, la force d'une habitude longuement contractée, qu'elle ne laisse plus de jour au raisonnement. Je suis persuadé , ajouta-t'il ,

que vous n'enviez gueres leur fort
ni même celui des riches don
vous parliez tout-à-l'heure, répli
qua Gordon; il ne faut qu'une me
diocre sagesse pour ne pas envie
le tracas, les soucis & les inquie
tudes d'un nombreux domestique
d'un gros cortege, d'une tabl
bien garnie; il se présente dans ce
état une foule de déplaisirs, qu
font payer trop cher la mince sa
tisfaction d'être la ressource d'u
tas de parasites, ou de fades adu
lateurs. Le faste & le brillant d'u
pareil état n'empêche pas qu'il n'a
bonde en occasions de mortifie
son homme; on peut s'en rap
porter à ce que disent là-dessus le
Grands eux-mêmes.

J'ai actuellement, continua-t'i
un frere à Londres, qui a toute l
vie frequenté les Grands; il m
souvent entretenu des chagrin
qui les rongent en secret, & qu'i
s'efforcent de cacher sous un a

nt ; ils se croiroient deshonorés, le public étoit instruit de leurs ines interieures. Ce leur est une cessité de paroître contens & ureux aux yeux des autres ; com- ils veulent toujours soutenir ce sonnage, il ne leur est point mis de se plaindre de rien.

Ce n'est pas, sans doute, votre re le Philosophe, interrompit arcel : vous me pardonnerez, artit Gordon, c'est celui-là mê- e. Après avoir été long-tems le iet de toutes les passions, il s'est t depuis quelques années un tême tout nouveau, & ce n'est e par cette époque, qu'il comp- avoir commencé à vivre : autre- s l'ambition étoit sa grande ma- ie, aujourd'hui l'éclat des ri- esses n'a rien qui puisse le tou- er. Content d'une fortune me- ocre, il coule ses jours dans les sibles délices d'une societé peu mbreuse, mais bien choisie :

L ij

ébloüi ci-devant des fausses feli
citez du monde, il ne se pouvo
rien ajoûter à l'ardeur de ses pou
suites, & c'est ce qu'on auroit
la peine à comprendre en l'ente
dant parler maintenant sur le
vuide & leur néant. Je crois qu
vous le verrez dans peu à Pari
il me paroît dans le dessein d
venir faire quelque séjour pour t
cher de se perfectionner dans
langue Françoise, pour laque
il a toujours témoigné avoir bea
coup d'inclination. Après ce q
je viens de vous en dire, vo
croyez bien qu'il n'y vient pas da
le dessein d'y briller. Il n'a pas b
soin, dit-il, d'un grand nomb
de domestiques pour multiplier
embarras ; deux domestiques fo
tout son cortege ; sa moderati
le rend tranquille & toujours ég
J'ose me flatter que vous le tro
verez assez de votre goût po
vouloir bien lui faire la grac

l'admettre dans votre societé ;
comme il a de la raison & de l'é-
ducation, il n'eſt point d'ordinaire
de trop dans les compagnies.

Ce ſera nous obliger infiniment, répondit Leſcure, que de
nous procurer l'honneur de ſa
connoiſſance ; il trouvera à Paris
un grand nombre d'hommes d'un
genre de Philoſophie tout aimable, parmi leſquels il pourra faire
le choix de ce qui lui conviendra
le mieux pour ſes cotteries : il y
en a d'une eſpece charmante pour
la societé, & avec leſquels il y a
infiniment à profiter ; c'eſt-à-dire,
qu'on trouve dans leur compagnie
l'utile joint à l'agréable. Ce ſont, la
plûpart, des hommes qui joignent
à l'érudition un grand uſage du
monde : il y en a beaucoup parmi
ceux que tous les avantages tem-
porels les plus brillans ne pourroient déterminer aux liens du mariage. Generalement ceux dont je

vous parle font tous garçons ; auſſ
les appelle-t'on communément le
Philoſophes Garçons, ou les Gar
çons Philoſophes.

J'ai beaucoup oüi parler de vo
GarçonsPhiloſophes, dit Gordon
& je ne crois pas cependant en
avoir une aſſez juſte idée ; faites-
moi le plaiſir de me mettre au fai
de leur genre de vie ; je ſuis perſuadé que vous ne comprene
pas dans ce nombre, ni les Petits
Maîtres, ni les Abbez muſquez.

Il ne s'agit ici, reprit Leſcure
que d'hommes ſenſez qui ſe con-
duiſent par principes & par raiſon
leſquels on peut diviſer en trois
claſſes.

Ceux que nous déſignons dans
la premiere, joignent à l'étude
des Belles-Lettres, un grand uſage du beau monde. D'ordinaire
leur tems eſt partagé entre le cabinet, les devoirs du Chrétien &
les compagnies choiſies ; ils ne

fréquentent qu'un petit nombre de
bonnes maisons dans leur voisinage, où ils passent tranquillement
leurs soirées. L'assemblée est peu
nombreuse, mais bien composée :
on y est informé de tout ce qui se
passe de remarquable, & l'on y
parle de tout avec un juste discernement : c'est un mélange agréable de conversations sérieuses &
enjoüées, qui ne font point inter-
rompuës par l'arrivée d'une femme extravagante, ou d'un fat important. L'on n'y voit point de ces
esprits louches & broüillons, qui
dérangent l'ordre & le goût dans
les entretiens. Il en est à peu
près de ceci, comme de ces gracieuses parties de campagne, qui
se font d'ordinaire de manière
qu'on se convient en tout.

Nos Garçons Philosophes se
font désirer dans ces compagnies,
& y sont toujours avec agrément,
parce que leur Philosophie douce

& aisée sçait se faire précisémens
à tous les goûts. On ne les voit jamais s'écarter en rien de la vraye
politesse, ni de la circonspection
convenable ; parlant peu, parlant
bien, guidés en tout par le bon
goût & la droite raison : l'on n'a
pas à craindre avec eux de ces propos hazardez, ni de ces mauvaises saillies qui déconcertent tout
dans les cercles bruyans. Après
une varieté d'innocens amusemens, l'on soupe avec cette gaye-
té qu'inspire parmi les honnêtes
gens la conformité d'humeur &
de sentimens.

Nos Philosophes ont tout ce
qu'il faut pour contribuer aux agrémens de la table, tantôt par des
récits interessans, tantôt par de
petites plaisanteries, non-seulement bien menagées, mais même
obligeantes ; c'est un badinage
poli & enjoüé, qui tend plûtôt à
vouloir faire remarquer les bonnes

qualitez de ceux qu'il regarde, qu'à dévoiler leurs défauts ; la fineffe & l'art relevent en cela le bon naturel.

Je comprens, dit Gordon, qu'il en eft de cette efpece de Philofophes, comme de ces hommes que dépeint Gracien ; c'eft-à-dire, qu'ils font d'un caractere d'efprit infinuant, d'une érudition familiere, aifée & naturelle, qui ne fent ni l'affectation, ni le pédantifme ; & affurément, ajouta-t'il, cette forte de fcience eft infiniment plus utile pour le commerce de la vie, que ne l'eft celle qui coûte tant de veilles, de foins & de peines.

Ce que vous venez de dire là, continua Lefcure, eft exactement vrai ; il eft de l'experience que ce font d'ordinaire ceux qui ont porté la fcience au plus haut point, qui font les moins propres pour la focieté ; leur fcience fe borne à cet unique point de fçavoir ; elle arrive peu à celui de plaire. On ne s'ennuye jamais dans la compagnie d'un homme d'un esprit aisé naturel & cultivé ; & l'on compte jusqu'aux minutes dans celle d'un sçavant herissé de Grec & de Latin.

Quant à nos Philosophes Garçons, ils s'en tiennent à cette science exquise, dont parle Gracien, c'est-à-dire, à l'art de sçavoir se faire à la portée & aux manieres des autres, ceder à leur sentiment, relever sans bassesse ce qu'ils ont de loüable, entrer poliment dans leurs vûës & leur façon de penser ; ils joignent à cela une connoissance exacte de ce qui se passe de mémorable & d'interessant dans le monde, des actions heroïques, des merveilles de la nature, des vicissitudes de la fortune, de ce qu'il y a de plus fin & de plus ingenieux dans les pensées & les remarques des meilleurs auteurs ;

de judicieux & de solide dans leurs raisonnemens, de piquant & d'agréable dans leurs satyres : tout cela est en eux accompagné de l'art de sçavoir se taire, écouter, & parler précisément quand il le faut.

Il est naturel, dit Marcel, que de tels hommes se fixent au séjour de Paris. J'en connois dont le commerce confirme parfaitement ce que dit la Bruyere, qu'un homme qui a vieilli dans les societez du beau monde, qui joint le naturel à l'acquis, les qualitez du cœur à celles de l'esprit, est d'un prix inestimable pour le commerce d'une intime liaison. Un tel homme joint le bon goût à un juste discernement ; il est plein de faits interessans & de maximes solides : l'on trouve en lui l'histoire du siécle revêtuë des circonstances les plus curieuses ; l'on y trouve en même tems des regles pour la con-

duite & pour les mœurs, qui fo[nt]
d'autant plus sûres, qu'elles fo[nt]
fondées, ou sur l'experience, [ou]
sur des principes solides.

Ce n'est point un médiocr[e]
bonheur, dit Gordon, de renco[n]
trer avec qui pouvoir mener un[e]
vie de raison, & avoir une co[n]
versation instructive & réfléchi[e.]
Mais reprenons, je vous prie, l[e]
détail touchant vos Garçons Ph[i]
losophes ; voyons laquelle de ce[s]
trois classes convient le mieux [à]
mon frere.

Je passe à la seconde, repri[t]
Lescure ; elle contient une espec[e]
de Philosophes, dont le commer[ce]
ce n'a pas moins d'agrémens qu[e]
celui des premiers : leur Philoso[*]
phie n'a aussi rien de commu[n]
avec celle de ces extravagans fa[s*]
tueux de l'Antiquité, qui préten[d*]
doient faire passer leur férocit[é]
pour une rare vertu : elle ne déta[*]
che point la bonté, la condescen[*]

...ance & l'humanité, de la superio-
té d'esprit, pour en faire l'appa-
nage de l'imbecilité. Un merite
tel est l'unique chose qui leur paroît devoir distinguer les hommes:
l'esprit seul est, selon eux, un des
moindres merites : ils prétendent
que les qualitez du cœur doivent
l'emporter par-dessus tout; & que
ce qu'il y a de plus capable à faire
honneur dans la science , dans
les richesses & dans les talens de
l'esprit, est le bon usage qu'on en
fait. Ils déplorent le sort de ces
riches, qui joüissent insipidement
de leurs richesses , & qui ne sçavent qu'être riches : ce ne sont
point du tout gens à vouloir faire
une alliance monstrueuse d'un certain Paganisme d'actions & de vie
avec le Christianisme de profession
& de créance. Comme ils ont
beaucoup de Religion, il n'y a
rien sur quoi ils fassent plus volontiers rouler leurs entretiens , que

fur fes admirables mifteres. La
bizarrerie d'humeur, la malignité
dans le difcours, la hauteur d'efprit, la fauffe gloire, tout cela eft
profcrit parmi eux ; les liens d'une
douce & tendre amitié font pour
eux quelque chofe d'infiniment
intereffant : ils regardent la veritable amitié comme un de ces
biens délicats, dont la poffeffion
eft plus affurée dans un état mediocre, que dans le fafte des grandeurs. Si fes charmes, difent-ils,
font fi peu connus parmi les
Grands, c'eft que l'éclat de la fortune, la jaloufie des prééminences,
la multiplicité des objets &des at-
tentions en émouffent l'attrait, &
en obfcurciffent les amabilitez.
Enviant peu le fort des riches, leur
Philofophie leur apprend un autre moyen d'être heureux.

Au refte, dans leur plan de vie,
ils partagent leur tems entre l'étude du cabinet & les entretiens

structifs. On les voit peu dans
les cercles des femmes; ne vou-
lent ni se contraindre, ni perdre
leur tems dans les bagatelles & les
inutilitez, ils tiennent quelquefois
des assemblées où l'on juge des
ouvrages d'esprit, & l'on écoute
avec plaisir leurs disputes mode-
stes dans la diversité des opinions.
Comme il n'y a gueres de jours
qu'il ne paroisse à Paris quelque
ouvrage nouveau, ils ont de quoi
varier leurs dissertations : mais
leurs entretiens ne se bornent pas
encore là, ils sçavent parler de
tout en honnêtes gens : les Arts
liberaux, les divers interêts des
Cours, les traits mémorables de
l'Histoire, les intrigues d'Etat, la
constitution des Gouvernemens,
les usages des Païs, les curiositez
de la nature, la Geographie, le Bla-
son, la Chronologie, les Inscrip-
tions, toutes ces differentes matieres entrent successivement dans

leurs conversations, qui souvent
font égayées par d'agréables récit
d'avantures & de rencontres plai
fantes.

Un jeune homme né avec de
difpofitions heureufes peut profi
ter infiniment dans leurs entre
tiens : il y entendra parler de tou
ce qu'il y a de plus propre à for
mer le cœur & l'efprit ; il y ap
prendra que ce n'eft ni l'efprit
ni l'opulence qui font la folid
gloire de l'homme ; que ce fon
les qualitez du cœur qui donnen
le prix aux autres ; que ce font elle
qui font le vrai merite ; que rie
n'eft plus eftimable que la can
deur, la droiture & l'équité, &
que c'eft particulierement par-là
qu'on acquiert l'art de fe faire ai
mer & eftimer.

Cet art, interrompit Gordon
devroit être l'objet de notre appli
cation la plus intime, puifqu'il
contribuë plus que tout autre au
bonheur

bonheur de la vie. Je comprens, ajouta-t'il, que quelqu'orné que puisse être l'esprit de tout ce qu'il a de plus rare & de plus exquis dans les connoissances & les sciences, ce n'est pas là précisément ce qui donne le droit de plaire : il est, comme vous venez de le dire, de l'experience que rien n'est plus incommode, que l'homme sçavant, quand il n'est que sçavant : la modestie qui releve le prix & l'éclat des talens de l'esprit, venant à lui manquer, sa science & son habileté trouvent peu d'admirateurs. Je n'entens point cette modestie artificieuse & étudiée, qui couvre un secret orgueil ; mais la vraye modestie des Grands-hommes, & de ceux qui sçavent avoüer de bonne grace qu'ils se sont trompez ; l'ingenuité & la simplicité de celle-ci, montrent assez qu'elle sort du cœur. Je ne sçai laquelle on doit éviter avec le plus de

soin, ou de la compagnie d'u[ne]
femme sçavante, ou de celle d'[un]
sçavant orgueilleux, toujours e[n]
flé de ses talens & avide de loüa[n]
ges : l'une ne me paroît guer[es]
moins redoutable que l'autr[e.]
Mais c'est assez parler de

> Cette science triste, affreuse & délaissée,
> Et par tout des bons lieux comme infa[me]
> chassée. *

Revenons à vos Philosoph[es]
Garçons : il vous reste à nous pa[r]
ler de la troisiéme classe ; ma[is]
souffrez qu'avant cela je vous d[e]
mande encore si ceux dont vou[s]
nous venez de parler, en reno[n]
çant aux societez tumultueuses [&]
aux visites publiques, ont mis da[ns]
leurs statuts de ne point se visit[er]
entr'eux, & s'ils se refusent le d[é]
lassement de quelques parties d[e]
jeu.

Tout leur jeu, reprit Lescure,
se réduit à quelques parties d[e]

* Boileau.

ic-trac, ou d'échets ; & pour
ce qui est des visites, ils les bornent d'ordinaire aux rendez-vous
qu'ils se donnent ; ils ont d'ailleurs
leurs heures d'assemblée reglées ;
leur grande attention est de se lo-
ger de maniere à n'être pas exposez aux interruptions dans leur em-
ploy de journée, voulant se maintenir dans la liberté de pouvoir dif-
poser à leur gré de tous leurs momens. Le tems est pour eux d'un
trop grand prix pour le perdre avec
les bavards, & les autres vains dif-
coureurs de cette espece : ils font
au reste leur occupation la plus
essentielle de celle de remplir les
devoirs du Christianisme ; leur raison les rend superieurs à tous les
evenemens de la vie, & leur ré-
signation à la volonté Divine, fait
qu'ils joüissent toujours d'une paix
profonde.

Je vois dans tout cela, dit Gordon, une Philosophie de bon sens,

ennemie de la contrainte, & qui
a pour fondement les principe
de la droite raison & de la vray
vertu. Nous avons, continua-t-il
à quelque chose près, des Philo
sophes de cette espece à Londres,
& je comprens d'avance que cet
te seconde classe sera celle que
mon frere trouvera le plus de son
goût.

Elle trouve à la verité, pour
suivit Lescure, beaucoup plus de
Partisans que celle qui me reste à
vous définir.

Cette troisiéme classe com
prend un genre d'hommes qui font
uniquement consister la souverai
ne sagesse & la suprême volupté,
dans un esprit calme & possesseur
de soi-même ; mais sans nul égard
à l'édifice flatteur de la sociabili
té, ils s'efforcent à vouloir détrui
re l'instinct naturel qui y entraîne
l'homme.

Dépoüillez de toutes vûës hu

...maines, détachez des choses
créées, uniquement occupez de
la grande affaire du salut, on ne
les voit gueres s'appliquer qu'à ce
qui peut affermir en eux ces sortes
de dispositions : l'experience qu'ils
ont du monde, leur est un puissant
motif pour fixer toutes leurs pensées vers ce qui ne doit pas finir.
Livrez, en un mot, à l'esprit de
retraite & de recueillement, ils
ne songent qu'à mettre tout en
usage pour réparer, disent-ils, les
egaremens de leur vie passée, &
pour racheter le tems, regrettant
celui qu'ils ont perdu dans les
vanitez du monde ; dégagez de
tout embarras, libres de tous soins,
& indifferens sur les évenemens
de la vie, ils partagent leur heureux loisir entre les devoirs exté-
rieurs de la Religion & la solide
contemplation ; c'est elle qui regle
leurs actions sans qu'elle en inter-
rompe la ferveur : une charité con-

stante les affermit dans les autres
vertus : ils prétendent que notre
empressement à bien user du tems
doit égaler l'activité avec laquelle
il s'écoule. C'est dans ce goût
qu'ils se font un enchaînement
d'occupations variées, qui ne laissent point de vuide, & qui leur
font couler leurs jours dans l'innocence, dans la paix & dans la
tranquillité : avides d'instructions
ils parcourent les Livres Divins,
assistent aux Conférences pieuses,
consultent les personnes éclairées
dans les voyes de Dieu ; leur lecture ordinaire est dans les Livres
de Morale, où l'on voit exposez
dans un beau jour les détours &
les replis secrets du cœur humain,
les avantages de la vertu, les douceurs d'une vie reglée, en un
mot, tout ce qui peut faire ici
bas le vrai bonheur de l'homme.
Ils employent aussi certaines heures du jour à écrire, trouvan

pour cela aſſez de matiere, ſoit dans les remarques que leur fournit leur lecture, ſoit dans leurs propres ſentimens, ſoit dans le ſouvenir de ce qu'ils ont autrefois vû dans le monde; ce leur eſt là un amuſement qu'ils regardent comme leur travail manuel, & une maniere utile de diverſifier leurs occupations. D'un autre côté ils exercent avec édification, & les œuvres de miſericorde ſpirituelles, & les œuvres de miſericorde corporelles.

Quoiqu'ils ayent fait un divorce entier avec le monde, on les trouve neanmoins dans les occaſions auſſi propres pour les ſocietez, que s'ils ne penſoient qu'à y vouloir plaire : leurs manieres ſont toujours aiſées & polies, leur eſprit ſouple & liant, leur humeur douce & enjoüée : comme en ceſſant d'être du monde, ils n'ont point ceſſé d'être raiſonnables,

leur dévotion n'a jamais rien d
farouche ni d'incommode; on n
s'en apperçoit que par la régular
té de leur vie, & la pureté de leur
mœurs: on les voit agir en tout ave
candeur, avec franchise & ave
une noble simplicité. Rien dans c
monde ne leur paroît plus pré
cieux que la paix du cœur, le re
pos & la tranquillité de l'esprit
ils estiment que le plus grand d
tous les biens est le repos ac
compagné d'une pleine innocen
ce, puisque de-là on peut passe
paisiblement au souverain bon
heur, au bonheur incorruptibl
& éternel. La science des Saints
dont ils font tout leur capital, leu
apprend à bannir toutes les pen
sées de la terre, toutes les inquié
tudes du siécle, & à ne s'occupe
enfin, qu'à se desoccuper de tout
ce qui n'a point rapport à l'unique
& importante affaire.

Voilà, dit Marcel, differente
especes

fpeces de Philofophes, dont la
connûë donne envie de leur reffembler, & dont la focieté ne peut
qu'être infiniment avantageufe : on
trouve en eux ce qui eft de plus
propre à faire le bonheur de la vie.

Avec les uns on apprend ce qui peut le plus effentiellement former le cœur & l'efprit, les fendimens & la raifon ; des principes folides pour les bonnes mœurs, & les maximes utiles pour l'agré-ment de la focieté. On apprend combien il importe d'être mo-deré, circonfpect, prudent : com-bien il eft plus facile de fe con-tenir dans la juftice, & de fe con-duire avec moderation dans les tenebres d'une vie obfcure, que dans l'éclat de l'élevation ; que les rangs & les dignitez ne font que des ombres de la vraye grandeur, & que les refpects qu'on leur rend ne font auffi que les ombres de la

I. Partie. N

veritable estime , qu'on ne donne d'ordinaire qu'à la seule vertu; qu'une grande dignité n'est dans le fond qu'une grande servitude ; & que c'est une chose monstrueuse de voir dans une même personne un haut degré d'honneur avec des sentimens bas & vils, une dignité superieure avec une vie honteuse & méprisable. L'on apprend des autres que le bonheur de la vie consiste à bien vivre pour bien mourir ; qu'il n'y a rien à quoi l'on doive tant aspirer qu'au caractere solide de l'honnête homme Chrétien ; que le vrai moyen de ne pas craindre la mort, est de ne tenir à rien dans ce monde. On apprend encore de ceux-ci à être veritablement hommes de bien, sans chercher à le paroître ; à supporter avec noblesse la mediocrité de la fortune, & avec charité les mauvais procedez des hommes. Enfin on apprend des uns &

des autres que ceux que l'on croit communément les plus heureux, & dont on envie l'opulence, font réellement malheureux, puifqu'ils meurent fans ceffe de l'appréhenfion de mourir; que fi la vie eft courte, on peut la rendre longue par le bon emploi du tems; qu'il faut renoncer aux plaifirs dangereux, qui font toujours accompagnez d'amertumes, d'agitations & de remords; qu'il ne faut s'attacher qu'aux plaifirs de l'efprit, qui font tranquilles, nobles & durables : que ce qui fait que le fat eft plus fier dans l'élevation, que l'homme d'un bon efprit, c'eft que le premier n'en connoît que les avantages, & que l'autre en connoît en même tems le vuide & le néant.

Si les états éclatans, dit Gorcon, fuppofoient toujours la géerofité, la grandeur d'ame, le rai merite, tout ce qui entre enfin dans la composition d'un Grand-homme , l'on seroit en quelque façon autorisé à envier le sort des riches , puisque rien ne doit paroître plus doux , que de se voir en état de pouvoir faire des heureux ; mais dans l'état actuel des choses , ils devroient eux-mêmes envier le sort de ceux qui sçavent s'élever au-dessus d'eux par leurs sentimens , leur sagesse & leurs lumieres ; & c'est ce que ne peuvent comprendre ceux qui se laissent éblouïr par les apparences des choses extérieures , qui se frappent d'un faux éclat , & qui sont toujours disposez à préferer l'illusion à la verité.

Au reste , ajouta-t'il en souriant, je puis bien admirer vos Philoso-phes de la troisiéme classe , mais je ne sçai pas trop si je pourrois m'accommoder de leur genre de vie. Je comprens assez les dou-ceurs & les avantages de leur état ;

je vois en eux des hommes qui prennent pour leur partage les biens du Ciel, qu'ils regardent comme les seuls biens certains & permanens, qui peuvent d'ailleurs se faire un mérite de leur choix, tandis qu'il est encore volontaire ; qui ne veulent plus s'occuper ici-bas que de ce qui doit les occuper dans l'éternité. Cela est beau, cela est sensé, & c'est-là, sans doute, le meilleur parti qu'on puisse prendre pour s'assurer un solide bonheur. Mais après tout, il y a quelque chose qui répugne dans cette séparation si totale des compagnies, dans cette réserve si outrée à se communiquer : car enfin l'homme est né pour la societé, & il n'est point dans son état naturel, lorsqu'il se condamne à une affreuse solitude, si difficile à supporter dans la durée.

Si vous parliez sérieusement, répliqua Marcel, l'on auroit bien

des choses à répondre à ces propos dictez par la seule nature.
Ceux dont nous parlons envisa-
gent les choses dans tout un autre point de vûë, & leur exemple est une confirmation de cette
constante verité, que la retraite
n'a rien de si insupportable, &
qu'elle ne paroît affreuse qu'à ceux
qui ne sçavent pas se suffire à eux-
mêmes. Nos Philosophes Chrétiens y trouvent des délices qui
les dédommagent amplement du
sacrifice des vains plaisirs du monde. Comme ils sçavent s'occuper
utilement & avec goût, ils n'y
éprouvent qu'agrémens, que douceurs, que contentement toujours
pur : mais ce qui les touche le plus,
ce sont les facilitez à pouvoir tra-
vailler efficacement à l'importante affaire du salut.

Il faut convenir, poursuivit-il,
que communément nous nous
flattons trop sur cet article dans le

train du monde. Il y a tant de difficultez à se sauver au milieu de
la corruption du siécle, qu'il y a
dans le fond bien moins de peines à s'interdire tout à coup toutes les choses dangereuses, que
d'avoir continuellement à soutenir
de fatiguans combats dans le détail. Nous voyons si peu de personnes résister constamment à la contagion du grand monde, au torrent de ses maximes & de ses usages, & il y en a si peu, même parmi celles qui font profession de
penser à leur salut, qui y pensent
assez pour le faire, que tout ce
qu'on peut assurément faire de
mieux, c'est de se mettre en situation à pouvoir s'en occuper li-
brement, sérieusement, efficacement, & de se soustraire, autant
qu'on le peut, à une contagion
si profonde & si generale.

Laissant à part ces solides principes, dit Lescure, il faut conve-

N iiij

nir avec nos Garçons Philosophes
qu'il y a une sorte de folie à passer
sa vie dans le tracas & le tumulte
du monde, pour n'y être le plus
souvent que les spectateurs de l'é-
clat & de la gloire d'un genre
d'hommes, qui n'ont en eux rien
qui ne soit méprisable, & que le
vain fantôme de leur grandeur ne
sçauroit mettre à couvert de l'op-
probre qu'ils meritent par leurs
bassesses. Si au lieu de se livrer à
un tas de vils flatteurs, ils pen-
soient de façon à s'attacher les personnes d'un merite approuvé, ils
comprendroient peut-être, que le
seul moyen de s'acquerir l'estime
publique, c'est d'être bienfaisant,
& de se montrer grand par ses actions & par sa conduite.

Ce que vous venez de dire des
flatteurs, répondit Marcel, me
fait souvenir d'un trait de M. le
Duc d'Ormond, dont les nobles
sentimens nous rappellent ceux de

enereux Duc de Lesdiguieres,
qui ne connoiſſoit point de plaiſir
comparable à celui de faire du
bien à ceux dont la fortune n'égaloit pas le merite.

Le premier ſe trouvant un jour
fatigué de l'empreſſement merce-
naire des fades Adulateurs, s'avi-
ſa tout-à-coup d'un moyen digne
de ſon grand cœur, pour leur impo-
ſer ſilence à l'avenir. J'ai eu autrefois, dit-il en ſe tournant vers Milord Oxford, un condiſciple qui
m'a rendu le ſervice le plus ſigna-
lé qu'on puiſſe recevoir d'un ami
plein de probité & d'honneur. Il
eut ſouvent le courage de m'aver-
tir de mes défauts, & de m'en faire ſentir adroitement tout le ridicule, & cela avec cette noble
hardieſſe qui annonce un ami ſin-
cere, & auſſi jaloux de la réputation
de ſon ami, que de la ſienne propre. Je lui ai mille obligations, &
avec tout cela j'ai à me reprocher

de l'avoir oublié jusqu'ici ;
qui est d'autant plus honteux po
moi, que je ne pouvois ignorer
mauvais état de sa fortune. Il fau
Milord, ajouta-t'il, que vous co
couriez avec moi à une bonn
œuvre, & que vous m'aidiez
tirer de l'obscurité un homme d'u
merite rare & d'une noblesse d
sentimens bien digne de votre a
tention : son nom est Clinton. J'a
obligation à ces Messieurs de m'a
voir fait souvenir d'un homme qu
ne me flatte jamais, quelque be
soin qu'il pût avoir de moi. Il don
na tout de suite ordre à son Ecuye
de lui envoyer sa chaise de poste,
& lui écrivit en même tems un
billet, dans lequel il l'invitoit à le
venir trouver pour concerter ensemble sur le moyen de corriger
la malignité de son étoile. Clinton
étoit un cadet de famille, qui vi
voit avec un de ses freres à sa
campagne. Je passe par-dessus tou-

…s les circonstances, pour vous …re simplement qu'il fut reçu du …uc avec mille témoignages d'a-…tié, & qu'on le vit peu de tems …près dans un état assez brillant à …ondres ; mais quelque grande …e peut avoir été sa satisfaction à …vûë de sa bonne fortune, je suis …rsuadé qu'elle n'égaloit pas celle …e son bienfaiteur dans cette ren-…ontre.

…Il n'y a que les cœurs de cette …empe, dit Gordon, qui sçachent …ombien il y a de gloire à être …on & bienfaisant. Ce trait que …ous venez de rapporter, ajouta-…l, me rappelle un autre trait de …e même Seigneur, & qui ne lui …it pas moins d'honneur que ce-…i-là.

…Un Gentilhomme qui n'avoit …en de bas que sa fortune, en …ant reçû plusieurs faveurs coup …r coup, fut quelques mois à …eviner la source de tous ces bien-

faits ; mais l'ayant découverte
l'occasion d'un emploi que le Duc
lui fit avoir, il se hâta d'aller rendre ses actions de graces à son
bienfaiteur.

Vous ne me devez point de re-
mercimens, Monsieur, lui répondit le Duc ; car je vous déclare
que si j'avois connu en Angleterre
un homme qui eût plus de mérite
que vous, il auroit été pourvû du
poste que vous allez occuper.

Toute la vie de ce Duc est mar-
quée par de semblables traits : de
tout tems sa passion dominante a
été de faire des heureux.

Voilà en peu de mots un magni-
fique éloge, reprit Lescure ; c'est
assurément là ce qui fait essentiellement le Grand-homme. Le mérite, l'esprit, les sentimens élevez
peuvent bien conduire à l'éclat des
Grandeurs, mais cet éclat ne sçauroit donner ni les uns ni les autres à ceux qui ne les ont pas na-

rellement. Quoi qu'il en soit, nous pouvons conclure que la Philosophie de ces Sages dont nous venons de parler, est préferable aux emplois brillans & flatteurs, qui dans le fond ne sçauroient nous rendre heureux, & qui souvent nous conduisent à nous méconnoître & à méconnoître les autres.

Je me rappelle, dit Marcel, quelques Vers que je crois pouvoir être appliquez à ces Garçons Philosophes : ils font d'un homme qui ne se pique nullement d'être Poëte. Voici ce que j'en ai pû retenir.

Ce mortel peut lui seul porter le nom de Sage,
Qui sçait de sa raison faire un parfait usage,
Qui s'en sert pour goûter de solides plaisirs,
Et donner à propos un frein à ses desirs.
Le monde dont par-tout on se fait une idole,
Pour lui de ses devoirs est une illustre école.
La vertu sous la bure est aimable à ses yeux,
Comme à ses yeux sous l'or le vice est odieux.
Auprès de lui l'esprit, la valeur, la noblesse,
Ne sçauroient excuser ni crime, ni foiblesse ;

Separant d'un objet ce qu'il a d'étranger,
Tel qu'il est en lui-même il sçait l'envisager
Le monde à son égard par-là change de face,
Un nouvel ordre y met chaque chose en sa
   place.:
Par les seules vertus les hauts rangs sont mar-
   quez,
On rejette au denier les vices démasquez :
L'infamie y noircit la lâche fourberie,
Et toujours le mépris y suit la flatterie ;
Mais ce droit que le Sage exerce sur autruy,
Bien plus sévérement il l'exerce sur lui.
Ce combat est en lui une source féconde
D'un calme inalterable & d'une paix profon-
   de.
Maître de ses désirs, exempt de passions,
Son cœur n'en souffre point les agitations.
C'est une région fortunée & tranquille ;
Son soleil toujours pur, éclatant, immobile,
Et sans succession de fuite & de retour,
N'y fait qu'une saison, ou plûtôt qu'un seul
   jour ;
Jour qui n'est point terni par de sombres nua-
   ges,
Ni troublé par le sort des vents & des orages.
Mais quel plaisir se mêle à ce repos char-
   mant,
Quand des cuisans remords ignorant le tour-
   ment,

Il ose contempler son ame toute nuë,
Et qu'il peut sans rougir en soutenir la vûë ;
Que rien ne s'offre à lui qu'il voulût se cacher,
Qu'une austere vertu doive lui reprocher ;
Qui ne soit à couvert de sa propre critique,
Et ne puisse braver la censure publique !
L'emploi de son loisir honnête & concerté
Met enfin l'heureux comble à sa félicité.
Tantôt il se nourrit d'une utile lecture,
Tantôt examinant les loix de la nature,
Il en approfondit les merveilleux secrets,
Et quelquefois assis sous un ombrage frais,
Donnant à son esprit une agréable gêne,
Il recüeille les Vers qui coulent de sa veine,
Et sous des mots pompeux, des sons harmo-
   nieux,
Exprime les beautez qui brillent à ses yeux.
Ainsi dans son devoir toujours inébranlable,
Il se fait un bonheur innocent & durable.

Malgré mon extrême dégoût pour la Poësie, dit Gordon, il faut vous avoüer que je trouve dans ces vers quelque chose qui me fait plaisir. J'aime ce qui est naturel, uni, simple & intelligible : je veux en un mot entendre ce que je lis :

par cette même raison je ne pu[is]
souffrir le galimathias alambiqu[é]
de ces mercenaires Rimeurs, qu'o[n]
voit avec leur Poëme à la main
morfondre dans l'anti - chamb[re]
d'un Grand, & essuyer la mauvai[se]
plaisanterie * d'un tas de domes[ti]-
ques. Dès que j'apperçois que[l]-
qu'un de ces Poëtes crotez,
pense dans l'instant à ces Vers [de]
Boileau:

> Un Poëme insipide & sotement flatteur,
> Deshonore à la fois le Heros & l'Auteur, &
> Un Poëte à la Cour fut jadis à la mode,
> Mais des foux aujourd'hui c'est le plus inco[m]-
>   mode, &c.
> Je ne puis souffrir qu'un esprit de travers,
> Qui pour rimer des mots, pense faire [de]
>   vers, &c.

Mais j'en reviens encore à vo[s]
Philosophes, continua-t'il; il m[e]
paroît qu'on ne comprend da[ns]
ces trois classes qu'une très-peti[te]
partie de cette multitude d'hom[-]
me[s]

* *Spectatum admisi, risum teneatis, amici.* Ho[r].

hes qui quittent leur Province
pour établir leur demeure à Paris.
L'on y voit, par exemple, une
sorte d'hommes qui se croyent des
Philosophes du premier ordre,
par la force & l'étenduë de leur
esprit, faisant profession de mépriser souverainement la petitesse
Evangelique, & la simplicité Chrétienne.

Ce seroit vouloir soüiller une
societé d'hommes raisonnables,
répliqua Lescure, que d'y admet-
re ceux dont vous voulez parler.
L'on ne peut assez éviter la rencontre de ces prétendus Esprits
forts, dont la folle manie va jusqu'à vouloir élever l'empire de la
raison humaine sur les ruïnes de la
Foi, & qui sont d'autant plus mé-
prisables, que faisant d'ordinaire
les heros dans les cercles des femmes, on les voit pâlir de frayeur à
la vûë du plus petit danger. Nous
sçavons que trop vû de ces sortes

d'exemples dans les occasions de guerre ; & par cette même raison il y a de quoi s'étonner quand on les entend tenir des raisonnemens sacrileges contre l'Auteur de la vie & de la mort, & se faire entr'eux comme une espece de Divinité de l'extravagance de leurs opinions, & une sotte gloire d'être insensez.

C'est assurément une chose assez surprenante, ajouta Marcel, de voir le Créateur de tout bien, l'Auteur de toute felicité, le seul Dispensateur des dons, des talens & de tous les avantages, ne trouver dans ses créatures, pour prix de ses bienfaits, que la plus monstrueuse ingratitude, & des esprits révoltez contre ses inéfables Misteres ; qu'on ne voit étudier les secrets de sa sagesse, que pour les combattre avec un orgüeil opiniâtre & horriblement criminel. Il n'est gueres possible que l'intrepi-

dité puisse être le partage de tels
hommes ; & quelle étrange intrepidité seroit la leur, à la vûë de
tous les maux qu'ils se sont prépa-
rez dans l'autre vie ? Au lieu que
tout concourt à former un courage
heroïque dans le cœur de l'honnête homme Chrétien, qui trouve
toujours une source féconde de
consolation & de confiance dans
le fond de sa Religion, il éprouve
que rien n'a tant de force pour soutenir un cœur, & pour le rendre
superieur à tous les évenemens,
que le témoignage d'une bonne
conscience. On affronte gaye-
ment tous les périls quand on est
bien avec Dieu : alors rien n'est
capable d'étonner quand il s'agit
de remplir les devoirs de son état.
Enfin quelque chose qui arrive,
on est toujours tranquille, tandis
qu'on vit dans la simplicité & la
droiture du cœur. En effet, que
pourroit-on craindre quand on est

O ij

foutenu par celui qui ne peut ja‑
mais nous manquer, & qu'on e[ſt]
perſuadé que tout ce qui nous ar‑
rive eſt pour notre mieux, pui[s]
qu'autrement celui qui diſpoſe d[e]
tous les évenemens, & de qu[i]
nous dépendons en tout, ne l'au[oi]
roit pas permis ?

Voilà, il faut l'avoüer, dit Le[c]
cure, des penſées bien conſolan‑
tes, & qu'il conviendroit pour ſo[n]
bonheur d'avoir toujours devan[t]
les yeux. Il n'y a pas de mal plu[s]
pernicieux que l'abus de la raiſo[n]
& il n'y a cependant pas de vic[e]
plus commun parmi nos beaux Eſ‑
prits, qui ont toujours des vûës raſi‑
nées, qui prévalent ſur les plus vi[‑]
ves lumieres de leur eſprit. Ils pré‑
tendent s'élever de cette maniere
au‑deſſus du commun, tandis qu'il[s]
ne font en effet que ſe ravaler, e[n]
s'expoſant à une infamie propor‑
tionnée à leur folle audace, & en
ſe dégradant par le mauvais uſa[ge]

ce qu'ils font de leur raison, qu'on doit être toujours l'esclave de leurs passions & de toutes leurs autres extravagances.

Nous voyons encore se refugier dans notre bonne Ville, pour-suivit Lescure, un genre d'hommes, dont la fréquentation n'est gueres moins dangereuse pour les jeunes gens : ce sont gens qui voulant être regardez sur le pied d'agréables débauchez, prétendent exceller dans le goût le plus délicat pour les plaisirs criminels : livrez à tous les rafinemens d'une ingénieuse volupté, ils sont trop difficiles pour pouvoir se plaire dans les Villes de Province. Ils font consister leur gloire à s'avi-ler souvent par la perte volontai-re de leur raison, & par les plus honteux excès de la débauche. La difference qu'il y a de ceux-ci aux premiers, c'est que le nombre des uns multiplie chaque jour, au lieu

que celui des autres diminuë à vûë
d'œil ; car l'on paroît aujourd'hui
êrre assez revenu en France de
toutes ces fureurs bachiques, dont
les suites étoient si honteuses &
funestes.

Dans l'examen des uns & des
autres, dit Gordon, je pense qu'il
seroit assez difficile de décider
s'ils sont plus impies, ou plus foux :
& assurément le spectacle de ces
débauchez de profession, de ces
hardis bûveurs, devroit être regardé comme très-propre à fixer
pour toujours dans une scrupuleu-
se sobrieté : du moins est-ce
ce qu'en pensent les Espagnols.
Au reste, continua-t'il, je doute
que Paris l'emporte sur Londres
dans le nombre d'hommes de cette espece ; je ne sçai même si les
nôtres ne rencherissent pas sur
ceux d'ici, sur-tout dans l'intrepidité à se disputer aux assauts bachiques la gloire de bien boire.

quoi qu'il en soit, ce qu'on appelle Libertins de créance, Gens
de table, Petits-Maîtres, Joüeurs
de profession, Chevaliers d'indus-
trie, hommes à bonnes fortunes ;
tous ces Messieurs-là ne s'ac-
commodent pas moins du climat de Londres que de celui
de Paris.

A cet endroit de la conversation les trois amis furent joints par
quelques personnes de leur connoissance, avec lesquelles ils quit-
tèrent la terrasse pour se prome-
ner dans la grande allée. Comme
il étoit à l'entrée de la nuit, &
qu'il faisoit un tems charmant, les
Thuilleries étoient remplies de
monde. Gordon se retira peu de
momens après pour se disposer à
un voyage qu'il devoit faire le
lendemain avec Hamilton : ils
avoient fixé ce jour-là pour aller
rendre leurs devoirs à M. le Ma-

réchal de Berwick à *Fitz-Jam*
Lescure & Marcel se séparere
aussi après avoir fait encore que
ques tours d'allée.

ENTRETIEN III.

ENTRETIEN III.

LEscure & Marcel ne se revirent qu'au bout de huit ou dix jours, le premier ayant été o-ligé d'aller pour quelques affaires à Versailles. S'étant enfin rejoints aux Thuilleries, ils se dirent mille choses tendres & gracieuses sur le plaisir qu'ils avoient de se re-voir.

Comme ils avoient coutume de se rendre compte de ce qui leur arrivoit pendant leur séparation, Lescure commença à interroger là-dessus son ami.

Marcel lui parla, dans le détail qu'il lui fit de ses occupations, d'une Dame chez laquelle il a-voit soupé la veille. Comme vous m'avez témoigné, continua-t'il, être touché des façons de penser de Madame de Sevigné, & du

I. Partie. P

tour de fon efprit, je crois q[ue]
vous ne ferez pas fâché de fai[re]
connoiffance avec une perfonn[e]
qui eft précifément de ce carac[te]-
re ; c'eft-à-dire, qui réünit en el[le]
tout le merite de l'un & de l'au[tre]
fexe : c'eft la Comteffe de Cha[r]-
lev… Je la trouvai ces jours-[là]
dans une de ces compagnies cho[i]-
fies, où l'on fçait varier une co[n]-
verfation fenfée & foutenuë.

L'on y parla beaucoup fur les caracteres ; & le difcours étant tombé fur les Précieufes ridicules, M[a]-
dame de Charlev… exigea d'[un]
Officier de fes amis, qui fe trou[va]
là, de lui définir ce qu'on nomm[e]
communément Précieufe ; car e[n]-
fin, ajouta-t'elle, on peut fort bi[en]
être dans ce malheureux cas fa[ns]
le fçavoir. Il y a certaines ma[la]-
dies fecretes qui font d'autant p[lus]
dangereufes, qu'on ne s'apperç[oit]
pas qu'on en eft atteint, & qui p[ar]
là deviennent enfin incurable[s.]

ce qu'on doit regarder comme un des plus grands malheurs de la vie.

Si toutes les Dames, répondit le Militaire, ressembloient à celles qui composent cette assemblée, jamais l'on ne trouveroit à s'égayer à leurs dépens; ce qui seroit une assez grande perte pour les conversations enjoüées.

Au reste, Madame, continua-t-il, vous me donnez-là une étrange commission, & que je sens n'être gueres de ma portée : mais enfin, puisque vous m'ordonnez de vous parler sur cette matiere, je vais vous exposer tout simplement ce que jai oüi dire là-dessus à gens d'un goût approuvé. Ils prétendent qu'il y a differentes sortes de Précieuses, & que celles dont parle Moliere, sont d'une espece qu'on rencontre assez communément. Selon eux, l'idée generale qu'on a de la Précieuse ri-

dicule, comprend toujours celles
qui veulent copier les Dames de
la Cour, les Dames du bel-air;
& comme elles copient mal, on
les voit affecter à contre-tems des
airs de hauteur & de dédain. Il
s'en voit qui ont les démarches &
les étourderies des plus extravagans Petits-Maîtres, les airs pan-
chez, le parler gras, les minau-
deries : tout cela annonce la Précieuse.

Ces sortes de Précieuses, disent-
ils, sont plus supportables que
celles qui font les sçavantes, ou
qui se piquent de bel esprit. Celles-
ci parlent continuellement de belles productions ; on les entend
nommer les Auteurs du premier
ordre, décider des beaux ouvrages, citer une foule de passages,
donner la préference aux uns sur
les autres ; & dans leurs décisions
ce sont toujours les Auteurs les plus
pédans qui sont le plus exaltez.

Ils citent encore une autre espece de Précieuses, qu'on entend
parler perpétuellement des manieres de la Cour : elles affectent en
toutes occasions une politesse outrée, qui devient incommode jusqu'à l'accablement ; elles sont iné-
puisables en complimens, & pro-
digues en loüanges déplacées.

Ils distinguent encore une sorte
de Précieuses prudes, qui affectent une modestie & une pudeur,
dont elles gênent à contre-tems
les compagnies où elles se trouvent : tout les blesse, tout les alar-
me ; elles entendent finesse à
tout ; elles s'imaginent, par leur
air mistérieusement composé, donner une haute idée de leur vertu.

Ils regardent enfin, comme des
maîtresses Précieuses, celles qui
ne pouvant se résoudre de parler
simplement & naturellement, ont
toujours certains termes favoris
qu'elles appliquent à tous propos ;

c'est un jargon de mots nouveaux,
de phrases choisies, dont elles forment un galimathias tout propre à
révolter : elles parlent avec em-
phase des plus petites bagatelles,
& donnent de l'étenduë à leurs
narrés par les prétendus agrémens
dont elles s'efforcent de les assai-
sonner : elles ont avec cela un air
pincé dans leurs manieres & dans
dans tous les mouvemens qu'elles
se donnent. Ils citent aussi certaines Précieuses orgueilleuses qui
tirent vanité de leurs équipages,
de leur dépense, de leurs meu-
bles, de leur crédit, & quelquefois du nombre de leurs adulateurs : celles-ci parlent volontiers
de belles passions, de sentimens
heroïques, d'avantures surprenan-
tes, & ne veulent pas qu'on ignore qu'elles sçavent tous les Ro-
mans par cœur.

Ils distinguent encore, poursuivit l'Officier, une sorte de Précieu-

s folles & ratieres; mais comme
est-là un caractere de caprice,
on varia tant dans l'analyse qu'on
n fit, que je ne sçaurois me rap-
eller tout ce qu'ils dirent là-des-
s. J'aurois à craindre, ajouta-t'il,
e m'être trop abandonné dans
ette espece de dénombrement,
je ne parlois devant des person-
es qui ont toutes les qualitez op-
osées à celles dont il y est parlé.

Voilà, Mesdames, dit la Comtesse, bien des écüeils differens
que nous avons à éviter. Il y a,
il faut l'avoüer, de quoi être épou-
vanté à la vûë de cette multitude
e caracteres si ridiculement choquans : cela presente une ample
matiere aux réflexions ; car, encore une fois, rien ne doit paroître
plus affreux que d'être ridicule toute sa vie, sans penser un moment
qu'on le soit. Où trouver des amis
assez zelés pour vouloir entreprendre de nous redresser sur ce point ?

P iiij

Cette corde est trop délicate pour
qu'on puisse se flatter que personne y veüille toucher.

Je ne sçai, continua-t'elle,
s'adressant au même Militaire,
dans les plaisanteries de l'Auteur
du Spectateur Anglois sur les
femmes, il fait mention des Précieuses.

Il apostrophe souvent, répliqua le
Cavalier, certains caracteres dont
le ridicule l'emporte de beaucoup
sur celui des Précieuses; il ne s'arrête même gueres à celui-ci, quoique ses ouvrages soient remplis
de satyres ingénieuses sur les femmes.

Son premier dessein se bornoit
d'abord à vouloir faire ouvrir les
yeux à quelques femmes de ses
amies sur certains défauts. qui leur
faisoient beaucoup de tort ; il usa
pour cela d'une maniere fine &
détournée , qui lui parut la plus
décente & la plus convenable en

nous sens. Ce coup d'essai lui ayant
réüssi, il voulut pousser son zèle jusqu'au public; & pour mieux donner
l'essor à son imagination enjoüée,
il feint que le nom de Staff est
celui de sa famille, & s'autorise
par-là à faire paroître sur la scene
les *Maries Staff*, des *Jeannettes
Staff*, des *Babets Staff*, &c.... Les
unes ses sœurs, les autres ses cou-
sines, & de cette famille il en fait
une plus nombreuse & plus bis-
cornuë que celle de Thomasso.

Tantôt c'est une sœur dont l'esprit de travers la fait donner à gauche dans tout ce qu'elle imagine, & dans tout ce qu'on lui dit;
tantôt c'est une belle-sœur d'une
humeur revêche & contrariante,
qui mesure son esprit sur la fécondité de son caquet.

Ici paroît une cousine dont le
caractere est bizare & ambigu par
un mélange de qualitez toutes op-
posées & bizarement assorties:

à celle-ci succede une parente
qui excelle en rufes, en artifices
& en déguifemens, & dont les
careffes couvent d'ordinaire un
deffein formé de nuire.

Enfuite paroît une fcrupuleufe
Bigote qui étourdit le monde par
les alarmes qu'elle feint en matiere de confcience, faifant, par
une humilité apparente, l'aveu
des défauts qu'elle n'a pas, pour
quêter plus adroitement les loüanges qu'elle fe figure lui être dûës,
& dont toute l'application eft d'é-
taler aux yeux un mérite de parade, mais qui dans ce manege laif-
fe entre-voir une imagination qui
extravague.

Ici il introduit une tante à la
mode de Bretagne, dont les iné-
galitez & les ridicules travers écar-
tent de fa maifon toutes les focie-
tez raifonnables. Son efprit tortu
lui fait tout interpreter en mauvai-
fe part : on la voit ridiculement

fficieufe à fournir des termes dé-
lacez aux perfonnes qui femblent
hefiter un peu dans leurs difcours.
Celles même qui s'expriment le
plus heureufement & avec le plus
de rapidité, ne peuvent être à l'a-
bri de fes fréquentes interruptions,
tant elle eft alerte pour préfenter
les mots.

D'un autre côté, c'est une niè-
ce qui paffe tout fon tems à con-
fulter fon miroir, à compofer fon
air, à s'exercer dans les differentes attitudes & grimaces qu'elle
s'imagine devoir plaire. Il s'étend
particulierement fur le caractere
de trois de fes fœurs, qu'il met au
rang de ces femmes, qui en public paroiffent douces, bonnes,
gracieufes, mais qui dans leur do-
meftique font autant de furies.

C'eft ainfi que dans un de fes Ouvrages intitulé Tatler, * il parcourt
toute la fequelle de fa nombreu-
fe famille dans diverfes hiftoires

* Qui fignifie Caufeur ou Babillard.

parsemées d'une agréable varieté
de portraits & de réfléxions ; le
tout conduit ingénieusement avec
une ironie délicate & bien soutenuë. Il s'égaye d'une manier
particuliere sur le compte des fausses prudes, des dévotes compo-
sées, des Agnès sournoises ; mais
je pense qu'en voilà bien assez
pour vous faire comprendre que
la femme Staff est précisémen
l'opposée de la femme raisonnable & d'un bon commerce.

Il y a assurément, dit Madame
de Laun . . . . (qui se trouva à cette assemblée) bien de quoi réveiller l'attention dans ce que nous
venons d'entendre. Quoi de plus
triste que de se distinguer par de
pareilles extravagances! L'on doit,
ce me semble, regarder comme un
grand bonheur de sçavoir penser
de façon à pouvoir se faire des
amis assez zelés & assez éclairez
pour nous aider dans les décou-

certes de cette importance, puisqu'il est vrai qu'il n'arrive que trop
qu'on est la fable d'une Ville, sans
démêler la source d'un si étrange
malheur. Telle qui vient d'être
encensée chez elle par un tas de
vils adulateurs, est peu de momens
après tournée en ridicule dans les
maisons voisines par ces mêmes
hommes. Etant ces jours passez,
continua-t-elle, chez une Dame
de mes amies, j'y trouvai de ces
sortes de personnages qui applau-
dissoient à ses défauts les plus choquans. Elle est de ces femmes qui
ont toujours quelque maladie de
commande, dans la vûë de faire
admirer davantage leur beauté
ou leur esprit. Mon amie joint
malheureusement à cette manie,
celle de ne pouvoir se figurer qu'il
y ait quelque chose à rabattre des
excessives loüanges dont ces dangereux esprits ont soin de l'en-
yvrer.

Il faut Madame, répondit l
Comtesse de Charl… que votr
amitié pour elle ne soit pas de
plus fortes, puisque vous ne vou
hazardez pas à la vouloir sauve
d'un pareil ridicule.

Je l'aime beaucoup, répliqua Ma
dame de Laun…. mais la commiſ
ſion m'effraye: je ſouffre en voyan
juſqu'où la conduit ſon foible
& avec tout cela je n'ai pas encore
oſé toucher cette corde; car il fau
vous l'avoüer, elle ne penſe pa
de façon à engager ſes amis dans
une entrepriſe ſi délicate. Il y a
long-tems qu'on dit qu'il n'y a gue
res de ſituation plus triſte que cel
le des femmes, en qui l'envie de
plaire ſurvit à la perte de leurs
agrémens, & qu'elles ont lieu d'ê
tre d'autant plus humiliées, qu'elle
n'ont plus de quoi humilier les
hommes qui les trompent.

Il n'y a point de tréſor, reprit
Madame de Charlev… plus eſti

hable qu'un ami dont le zèle va
jusqu'à tout hazarder pour nous
garantir du ridicule : il est vrai qu'il
faut que nous ayons en nous certaines dispositions qui puissent en-
courager nos amis à une pareille
démarche.

C'est bien là, ajouta une autre
Dame, le service le plus signalé
de l'amitié : l'on n'aime pas médio-
crement une personne dès qu'on
s'interesse vivement à sa réputation.

Une Dame de la Cour, continua-t-elle, avec qui je suis fort
liée, me dit un jour qu'elle regardoit comme le plus grand bonheur de sa vie, d'avoir trouvé un
ami dont le zèle & les lumieres
l'ont fait revenir de bien des égaremens dans l'esprit.

Sur ce seul trait, répartit Madame de Charlev... je conçois
une haute opinion & de votre
amie & du Cavalier. Il faut con-

venir, poursuivit-elle, que si o
nous donne la gloire de contr
buer à la politesse des hommes
souvent nous leur devons la glo
re d'être devenuës raisonnables
& il est vrai qu'un homme qu
pense juste, en qui le bon sens
le bon goût se trouvent joints à l
pénétration & à l'expérience d
beau monde, est toujours d'u
commerce également utile & a
gréable. J'avois autrefois un am
de ce caractere ; il lui arrivoi
quelquefois de me dire des chose
assez humiliantes sur mes défauts
mais d'un air badin, & avec u
tour insinuant & gracieux, qu
me donnoit du goût pour se cor
rections. Je sentois tout le prix d
ses soins officieux, & ne pouvoi
qu'être sensible aux motifs qui l
faisoient agir. D'ordinaire pou
m'épargner la confusion, il me dé
peignoit adroitement mes défaut
dans quelques autres personnes

exaltoit en même tems ce que
pouvois avoir de bon : c'étoit-là
comme une espece de contre-
poids qu'il croyoit convenable.
D'un autre côté, il étoit ingénieux
à me faire remarquer les qualitez
brillantes des personnes d'un mérite distingué , & à me piquer
d'émulation dans l'envie de leur
ressembler.

Ces differens assaisonnemens
ménageoient mon amour propre ,
& ce point étoit important. C'est
une chose décidée , que pour s'attirer la confiance , il faut sçavoir
s'insinuer dans l'esprit des personnes , & c'est ce qu'il n'ignoroit
pas : ce fut aussi par-là qu'il sçut
me conduire insensiblement à son
point de vûë , & m'engager à le
prier instamment de veiller à mes
discours & à mes manieres : de-là
il s'est ensuivi une sorte de con-
vention entre nous. Quand dans
les cercles il m'arrivoit de clo-

cher dans mon raisonnement,
de m'échapper en quelques sailli
déplacées, son silence m'avert
soit que je donnois à gauche, &
m'arrivoit souvent de donner oc
sion à ce silence. Il n'y avoit al
que fort peu de tems que je voy
le monde ; car on ne laissa qu'u
très-petit intervale entre ma sort
du Couvent & mon mariage ; ma
heureusement j'avois quelque d
cernement, & assez de docilit
ce silence enfin m'étoit un sign
qui me ramenoit d'abord à l'atte
tion. Nous nous conduisions
tout cela de façon qu'on ne po
voit y remarquer aucun mistere.

Je me suis rapellé bien des f
depuis, ajouta-t'elle, tout le p
de ces sortes de conventions. M
Mentor exigeoit à son tour, qu
je l'avertisse quand je m'apperc
vrois qu'il manqueroit en quelqu
chose ; je le faisois avec simplici
suivant ma portée ; je lui devois

reconnoiffance , & j'étois même perfuadée qu'il méritoit quelque chofe de plus : c'étoit dans toutes fortes d'occafions que fon efprit voit pour moi des reffources dans lefquelles je trouvois toujours de nouveaux charmes joints à l'uti-lité.

L'on ne peut contefter , dit une Demoifelle Angloife qui fe trouva dans l'affemblée, que l'amitié d'un tel homme, dont le cœur eft bon , l'efprit droit & bien cultivé , ne foit un des plus précieux préfens que nous puiffions recevoir de la Providence , fur-tout fi c'eft un homme qui fe trouve être bien penetré des grandes veritez de la Religion.

Je connois, pourfuivit-elle, quel-ques hommes de ce caractere, qui par forme d'amufemens fçavent rendre familiere aux Dames de leurs amies , une certaine fcience qu'on nomme Logique, & qui fait,

Q ij

dit-on, une partie essentielle d'un
longue & pénible étude, ma
dont le propre est de perfection
ner la raison, de cultiver l'esprit
de démêler les pieges de l'erreur
& de nous rendre enfin raisonna
bles & propres pour le commerc
de la vie. Par les leçons de cett
exquise science, ils ont le secre
d'insinuer en se joüant les prin
cipes les plus solides & les plu
utiles.

Pour peu qu'on soit capable d
réfléxion, reprit Madame de Char
lev.... il ne se peut qu'on ne fai
se un cas infini d'un art qui ap
prend en se divertissant à deveni
raisonnable & de bonne societé
Ce qui d'ordinaire contribuë l
plus à nous entretenir dans l'esprit
superficiel de bagatelles & d'inu
tilitez, c'est que nous écoutons plu
volontiers un écervelé dont la fa
tuité fait toute l'occupation, qu'u
homme modeste & sensé: &, à pou

...er la réfléxion plus loin, un étourdi impudent nous eſt plus agréable,
qu'un juſte eſtimateur du merite : :
auſſi a-t'il été décidé de tout tems,
qu'une femme qui trouve un fat ,
ou un extravagant plus propre
à plaire qu'un homme d'un eſprit
ſolide & reglé, doit paſſer pour
atteinte & convaincuë d'extravagance : l'on voit que dans toutes
les Villes, les foux & les étour-
dis ſont le partage ordinaire des
folles.

J'ai été, continua-t'elle, un certain tems en grande liaiſon avec
deux femmes qui ſe regardoient
comme des eſprits du premier ordre, mais dont l'imagination gau-
thie ne pouvoit être égayée que par
les puerilitez & les impertinences
des fats & des mauvais plaiſans :
c'étoit ſur la foi de gens de cette
étoffe, qu'elles concluoient de leur
mérite : le jargon de termes bizarres, & de phraſes précieuſes leur
tenoit lieu d'eſprit.

J'avois autrefois, dit la Demoiselle Angloise, une amie qui étoit
précisément de ce caractere : elle
n'écoutoit que ceux qui en la
trompant, regardoient ses défauts
comme des qualitez brillantes.
J'étois veritablement affligée de la
voir donner dans un travers si nui-
sible. Elle avoit encore de commun avec bien des personnes de
notre sexe une sorte de mauvaise
politique, qui la portoit à loüer
sans cesse & souvent sans choix,
desorte que personne ne lui tenoit compte de loüanges ainsi pro-
diguées.

Je m'hazardai un jour à vouloir
lui faire sentir les inconveniens
d'une pareille conduite; mais quoique j'usasse en cela de toute la circonspection & de tous les ména-
gemens que je crus convenables,
je vis payer mon zele d'une réponse aigre & piquante.

Cette scene qui nous fit conprendre à l'une & à l'autre que nous ne nous convenions gueres, & mit, dès ce même moment, fin à tout commerce entre nous.

Il est vrai, dit une autre Dame, que nous donnons souvent aux hommes un beau champ pour s'égayer à nos dépens : ces differens tableaux que nous venons de voir, representent assez au naturel les diverses manies que nous avons en partage.

Peut-être , reprit la Comtesse de Charlev... serions-nous moins condamnables du peu de soin que nous prenons à cultiver les qualitez essentielles du cœur & de l'esprit, si nous étions assurées de ne vivre que jusqu'à l'âge qui termine les agrémens exterieurs ; mais comme il nous reste souvent à fournir une carriere plus longue, c'est un point capital de se faire pour ce fatal déclin bonne provision de raison, de prudence &

*

de jugement : il faudroit, en un
mot, pour ne pas se dégoûter un
jour de soi-même, ne rien négli-
ger pour se mettre en état de ne
point dégoûter les autres. La modestie, la retenuë & la pudeur
sont les plus grands avantages de
notre sexe, & il semble souvent
que nous l'ignorions. Si les hommes n'étoient attirez auprès de
nous que par les qualitez solides
du cœur & de l'esprit, & qu'ils ne
voulussent point s'arrêter à celles
qui ne sont soigneuses qu'à cultiver
leur beauté, on nous verroit bien-
tôt devenir ce que nous devrions
être.

C'est à notre grande honte, a-
jouta Madame de Laun.... qu'on
remarque souvent la verité de ce
que dit la Bruyere, qu'à un homme
vain, indiscret, qui est grand parleur & mauvais plaisant, qui parle de soi-même avec confiance,
& des auttes avec mépris, impé-
tueux,

eux, altier & extravagant, sans
mœurs ni probité, de nul jugement, & d'une imagination très-
libre ; il ne lui manque plus, pour
être couru de bien des femmes,
que d'être beau & bien fait.

Le défaut de réfléxion, dit Madame de Charlev.... fait que nous
sommes si peu touchées de nos défauts ; nous nous flattons facilement, parce que les hommes ne
nous rient pas au nez, en quoi les
uns sont retenus par la politesse,
& les autres par une espece de ma-
lice ; mais tous sont également
empressez à relever notre ridicule dès qu'ils sont sortis d'auprès de
nous ; alors ils nous rangent à leur
gré dans cette étrange & nombreuse famille des Staffs, qui, suivant l'idée ingenieuse de l'Auteur
Anglois, s'étend bien loin.

Les satyres de cet Auteur, dit
la belle Angloise, sont pleines
d'excellentes leçons & de maxi-

I. Partie.   R

mes très-solides ; les personnes un
peu capables de réfléxion ne peuvent manquer de tirer un grand
profit de cette lecture ; elle a produit d'heureux changemens en
Angleterre, non-seulement en re-
dreſſant le ridicule des femmes à
qui il reſtoit encore aſſez de raiſon & de bon ſens pour ſe réſou-
dre à ſe chercher dans ces tableaux , mais auſſi en corrigeant
les mœurs en general.

Je lui ai en mon particulier,
continua-t-elle , l'obligation d'a-
voir compris combien il importe
de ſçavoir écouter. J'avois juſqu'alors paſſé ma vie dans l'extravagante habitude d'enlever d'a-
bord la parole à ceux qui me parloient , d'interrompre les conver-
ſations les plus ſenſées , en m'a-
bandonnant indiſcretement à cette volubilité peu meſurée que nous
reprochent les hommes ; je joi-
gnois à un défaut ſi choquant, ce

lui de beaucoup d'inégalité dans l'humeur, & de fortes dispositions à me formaliser de tout : m'étant enfin reconnuë dans les tableaux du Spectateur & du Tatler, j'eus horreur de moi-même.

Je considerai avec indignation ce que j'avois en tout cela de commun avec les esprits louches & extravagans, ne pouvant igno-rer que ce ne fût-là précisément leur partage ordinaire; mais quoi-qu'assez clairvoyante à le remar-quer dans les autres, je ne voyois pas combien j'y avois de part moi-même. C'est ainsi qu'ensevelie, pour ainsi dire, dans les tenebres de mon amour propre, j'en devins le joüet, jusqu'à me distinguer quelquefois par les traits du ridi-cule le plus outré.

Voilà, Mademoiselle, répon-dit Madame de Charlev... un a-veu qui, dans plus d'un sens, fait honneur à une personne de votre

âge. Il n'appartient qu'à un cœur
droit & à un esprit du premier ordre d'en faire de semblables : la
modestie, la candeur, l'ingenuité
& la noble simplicité, sont le partage des grandes ames, & font
un composé qui releve infiniment
la beauté du corps.

La Comtesse ayant remarqué
que la jeune Angloise rougit à
ces propos, varia ainsi la phrase.

Il est decidé, continua-t-elle,
que le talent de bien parler est peu
de chose, s'il n'est accompagné
de celui de sçavoir bien écouter :
l'on déplait d'ordinaire en parlant
beaucoup, & on plait toujours par
un certain air d'attention à écouter,
qui denote une solide éducation,
& une veritable politesse. C'est-à-
dire, interrompit une Dame,
qu'on ne peut être reputé réellement poli, si l'on ne sçait écouter à propos & avec complaisance.

Je vais, répliqua Madame de

Charlev . . . . vous rapporter là-
dessus un trait du Chevalier de
Luxembourg, aujourd'hui Prince
de Tingry, * qui me paroît décider la question. On lui faisoit un
jour l'éloge d'un homme, qu'on disoit joindre à beaucoup d'esprit
beaucoup de politesse. Je ne pré-
tens point, dit-il en riant, rabattre
rien de l'éloge ; mais vous trouverez bon que je refuse d'y souf-
crire, jusqu'à ce qu'on puisse me
faire remarquer qu'il possede l'art
d'écouter convenablement.

L'on peut, ce me semble, dit
l'Angloise, s'en tenir à ce que
renferme cette réponse : ce mot,
convenablement, dit beaucoup. Il
me souvient, continua-t-elle, d'a-
voir lû dans notre *Tatler*, ou dans
notre Spectateur, qu'un homme
judicieux tâte par son silence la
portée des autres, & l'opinion
qu'ils cherchent à donner d'eux-

* Presentement Maréchal de Montmorency.

R iij

mêmes, que faifant volontiers le
perfonnage d'écoutant, il les laif
fe parler, il les étudie, il les obfer
ve; & qu'après avoir pris ainf
tous fes avantages, il fe tait, ou
il parle toujours à propos; mais
que c'eft toujours par un amour
propre, fage & rafiné qu'il paroît
en toutes occafions fe prêter à celui des autres.

J'aime cette réflexion de votre
Auteur Anglois, dit Madame de
Laun.... Ce n'eft point en effet par
la fuperiorité de génie qu'on
plait, mais par l'attention à fe conformer à celui des autres, toujours
fondée fur ce principe, que la vanité qui veut dominer, & celle
qui ne veut pas être dominée, ne
peuvent gueres s'accorder enfemble.

Quant au grand parleur, ajouta
t'elle, il ne lui faudroit qu'une
legere réfléxion d'amour propre,
pour le porter à l'être un peu

moins, puisque de la volubilité & de la précipitation dans le discours, naissent d'ordinaire la confusion, le fatras, le verbiage & la platitude; ce qui fait dire, avec verité, qu'un grand parleur est un grand diseur de rien, & qui fatigue les gens avec une aussi bonne opinion de lui-même, que s'il disoit les choses les plus merveilleuses : jamais un tel homme ne peut avoir, avec justice, la réputation d'homme poli, non plus que celle de bel Esprit.

Il paroît, reprit la jeune Angloise, que dans le general, on n'a pas toujours une idée assez juste de la veritable politesse, puisqu'elle ne consiste pas précisément dans les beaux discours, dans les paroles flatteuses, ni dans les empressemens des fades douceureux, qui veulent toujours faire les agréables.

Ce ne sont-là, répartit Madame

de Charlev... que de très pitoyables Copistes de ceux qui sont veritablement polis : la politesse de ceux-ci est tout ensemble naturelle, aisée, libre & insinuante ; elle plaît sûrement & toujours, parce qu'elle a sa source dans le cœur : comme elle part d'un fond de sentimens grands, nobles & genereux, elle ne se dément jamais en rien : bien loin d'affecter un esprit de domination, c'est une humanité douce & éclairée, qui, en toutes rencontres, se prête sans bassesse au goût & aux manieres des autres.

Il n'en est pas ainsi de la politesse grimaciere des fades adulateurs, qui n'a d'autre principe qu'un amour propre, grossier & mal-entendu, ce qui fait qu'elle est inégale, capricieuse & rampante, d'ordinaire déplacée, toujours dégoutante & incommode : on remarque que l'essentiel de cet-

e fauſſe politeſſe conſiſte dans l'a-
gilité à luter à une porte pour ne
pas entrer ou ſortir le premier, ou
dans l'opiniâtreté à refuſer les premieres places, lorſqu'il n'eſt queſ-
tion que d'obéir tout uniment ; en
un mot, être prompt à ramaſſer un
gand, à fermer une porte, ou à
encenſer quelque femme folle,
déja enyvrée de ſes chimeres : voilà ce qui s'appelle une ſublime
politeſſe pour un Aprentif Petit-
Maître, & pour tous les grimauds
de cette eſpece, dont le propre
eſt d'être ſuperficiel en tout.

J'avois toujours dans l'idée, dit
la belle Angloiſe, qu'il ne pouvoit y avoir de vraye politeſſe,
où il n'y a pas une inclination ge-
nereuſe & bienfaiſante, toujours
diſpoſée à ſe ſaiſir des occaſions
pour obliger de bonne grace ; on
m'a cependant ſoûtenu depuis
peu, que la politeſſe conſiſte principalement dans une complaiſan-

ce toujours soutenuë, dans une attention continuelle aux bien-séances, & enfin dans la maniere d'écouter & de parler.

Cette décision, répondit la Comtesse, ne me paroît pas ex-clure la necessité d'une inclina-tion genereuse & bienfaisante ; & alors on a raison de conclure que ce que vous venez de dire, fait une partie essentielle de ce qu'on nomme veritable politesse, qui renferme une infinité de choses qu'on distingue & qu'on sent, mais qu'on ne peut pas toujours bien expliquer.

N'y auroit-il pas de l'indiscre-tion, Madame, interrompit l'An-gloise, à vous prier de nous en citer quelques-unes.

J'ai oüi dire aux Connoisseurs, répliqua Madame de Charlev... qu'il s'agit sur-tout de sçavoir re-gler les discours sur le caractere des personnes avec qui l'on se trouve, mêler à propos le respect avec l'air aisé & libre, concilier une noble hardiesse avec la modestie & la retenuë, n'affecter ni superiorité d'esprit ni superiorité de talens, se prêter agréablement aux sentimens des autres, être ingenieux à faire valoir ce qu'ils ont d'aimable, entrer avec civilité & condescendance dans leur goût, dans leur genie, dans leur façon de penser, s'accommoder à leurs manieres, & donner en toutes rencontres des marques d'un esprit bien fait, & qui sent combien le plaisir d'obliger est un plaisir bien doux.

Il est difficile, dit l'Angloise, qu'on ne se fasse aimer en pratiquant ce que vous venez de dire là ; il en doit coûter un peu, mais aussi l'on doit être bien dédommagé de la contrainte par les effets qu'elle produit: outre les avantages du repos de l'esprit & de la

satisfaction interieure, l'amou[r]
propre y trouve son compte.

Quand on a en partage, repr[it]
la Comtesse, cette solide polite[s]
se dont nous parlons, il ne paro[ît]
ni gêne, ni contrainte : comm[e]
elle a sa source dans les senti[-]
mens d'un cœur bon & gene[-]
reux, elle est à l'épreuve des con[-]
tre-tems les plus choquans, même
de ceux qui viennent des person[-]
nages ennuyeux.

C'est pousser la chose un peu
loin, reprit la Demoiselle; il me
paroît beaucoup plus expedien[t]
d'éviter pareilles épreuves : l'on
en voit de si accablantes, que je
doute fort qu'il y ait aucune sor[-]
te de politesse qui puisse y résis[-]
ter; mais pour nous en tenir sim[-]
plement dans les bornes de ce
dont il s'agit ici, l'on peut con[-]
clure en general, que sans la pra[-]
tique de la politesse, qui suppo[-]
se toujours le sçavoir vivre & la

bonne éducation, l'on ne sçauroit être avec quelque agrément dans le monde, quelques talens qu'on puisse avoir d'ailleurs.

Je me rappelle, ajouta-t-elle, l'avoir entendu dire à des personnes d'une grande experience, qu'un des plus sûrs moyens pour plaire, est de faire ensorte, par nos discours & par nos manieres, que ceux avec qui nous avons à traiter, soient contens d'eux-mêmes, & qu'alors ils le sont infailliblement de nous.

Cette espece de manége, dit la Comtesse de Charlev... qui dans le fond n'est ni difficile, ni suspect, est sans doute d'une grande utilité dans les societez. J'ai par-devers moi l'experience de ce que vous venez de dire. Il m'arriva une fois en ma vie de me trouver fort attendrie & pleine de zèle pour une femme, dont les charmes faisoient du bruit, & cela

précifément, parce qu'elle infifto[i]
à vouloir me perfuader , par tou[s]
les tours les plus infinuans & le[s]
plus gracieux, que j'étois beaucou[p]
plus aimable qu'elle; & quoique j[e]
fçuffe affez à quoi m'en tenir [à]
cet égard , j'aimois néanmoins l[a]
tromperie , & j'étois enchantée d[e]
la trompeufe : elle faifoit le fuje[t]
le plus ordinaire de mes entretiens , & il ne fe pouvoit rien ajou-
ter à la vivacité de mon empref-
fement pour faire remarquer les
graces dont elle étoit ornée. J'é-
prouvai en cette rencontre combien l'amour propre eft tendre ,
modefte & reconnoiffant , dès
qu'il s'apperçoit qu'il a fon compte.

Sçavoir diftinguer ce que les
autres ont de bon, continua-t-elle,
& fçavoir en même tems s'en fer-
vir , eft fans contredit une marque de difcernement & de prudence : mais ce n'étoit pas là précifément mon cas; je n'avois pas

trop à me glorifier de mon zèle ; le motif en émouſſoit tout le prix ; c'étoit toujours moi-même que j'avois en vûë.

Ces Dames dirent encore quelque choſe ſur le concours des quatez neceſſaires pour former cette ſorte de politeſſe, qui rend la vie douce & agreable; & elles conclurent qu'on ne pouvoit l'avoir en partage, qu'autant que les quatez du cœur ſe trouveroient être jointes à celles de l'eſprit ; qu'au reſte les dernieres ſont moins neceſſaires que les autres pour un commerce intime & de durée.

La belle Angloiſe parla encore d'une maniere ſenſée ſur le mécompte où ſe trouvent ceux qui prennent le faux pour le vrai, en ſe figurant que le jargon obligeant, l'attention à ſe courber, l'empreſſement gracieux ſignifient toujours une parfaite politeſſe.

C'eſt-là, dit Madame de Laun...

une erreur qui est assez commune,
parce qu'on ne fait pas réfléxion
que le corps & l'esprit y ont bien
moins de part que le cœur. Il est
vrai qu'il faut le concours de l'éducation, du langage & des manieres pour former la vraye politesse
mais tout cela a aussi sa source
dans le cœur, & c'est par-là même
qu'on sçait s'accommoder à toutes
sortes de goûts, d'humeurs & de
caracteres, se plier & replier au
gré des autres, comme si on n'a-
voit d'autre volonté que la leur.

Je crois, dit une autre Dame,
que c'est la science la plus utile
qu'on puisse se proposer ici-bas
car il n'y en a point dont la pratique soit plus étenduë, ni qu'on
puisse produire plus souvent, ni
plus naturellement.

Il y manque cependant encore
une chose, reprit la Comtesse,
c'est que la Religion qui ne peut
approuver tout cela, quand il n'a
pour

pour motif que celui de vouloir
plaire aux hommes, lui en donne une autre infiniment plus noble, & qui devroit du moins être
aussi efficace ; c'est la charité :
elle seule nous fournit des raisons
generales & bien fondées d'aimer
tous les hommes : l'amour propre
ne nous fait aimer que ceux qui
nous aiment ; mais la charité pour
le prochain en general, cette pu-
re affection qui doit regner entre
ceux qui n'ont qu'un même pere,
qui font partie d'un même corps,
& qui font appellez à la même
esperance, fait que la politesse exterieure est conduite en toutes rencontres par l'effusion des mouvemens sinceres & desinteressez d'un
cœur tendre & compatissant.

Notre Spectateur Anglois, dit la
jeune Demoiselle, nous fait voir
qu'il y a dans cette vertu aimable
des charmes & des attraits qui enle-
vent & ravissent les cœurs, & dont

même les plus grands Libertin[s]
font frappez ; & que malgré le[s]
oppofitions naturelles de leurs paf
fions & de leurs vices, ils on[t]
des momens où ils défireroien[t]
reffembler à ceux qui l'ont e[n]
partage.

C'eft-à-dire, que votre Specta[c]
teur, répliqua Madame de Char[e]
lev... traite auffi de ces fortes d[e]
matieres.

Il fe faifit de toutes les occa[-]
fions, répartit l'Angloife, pour ré[-]
pandre de la Morale dans fe[s]
Ecrits, & fait en forte qu'elle
eft toujours appliquée d'une ma[-]
niere naturelle & frapante.

Il faut, Mademoifelle, dit Ma[-]
dame de Laun.... que vous aye[z]
la bonté de nous dire encore quel[-]
que chofe de ces ouvrages qui on[t]
fait tant de bruit ; à en juger par ce
qui a été déja dit, il doivent être
remplis de caracteres.

Leur Auteur, reprit la Demoi[-]

elle , excelle particulierement dans l'art de peindre avec goût les divers personnages qu'il introduit. Son premier Ouvrage intitulé le *Tatler*, qui signifie *Causeur*, fut fort goûté du public. Il parut d'abord par feüilles volantes, dont il se faisoit une incroyable distribution : on y trouvoit des idées si naïves, si ingenieuses & si plaisantes, qu'il n'y avoit personne en Angleterre qui ne fût empressé à les lire. L'Auteur ne fut connu pendant long-tems que sous le grotesque nom d'*Isaac Bicker-Staff* ; nom qu'il usurpa plaisamment à un au- tre , dont les ouvrages avoient eû quelque succès; ce qui causa entr'eux une petite guerre qui eut quelque chose d'assez comique. Ce ne fut qu'après s'être fait une cer- taine réputation qu'on sçut son ve- ritable nom, qui est Steele. De tous ses Ouvrages il n'y a gueres que celui intitulé *le Spectateur* , qui

S ij

foit connu en France. Ses Ouvrages en general renferment une varieté très-intereſſante de ſatyres fines & délicates, de traits d'hiſtoires, d'évenemens mémorables, d'avantures ſingulieres, de Morale Chrétienne, de jolis badinages, & de ſolides inſtructions: le tout s'y trouve expoſé dans un ſi beau jour, & dans un mélange ſi bien conduit, qu'il s'empare d'abord de l'eſprit & du cœur du Lecteur, lors même qu'il n'a en vûë que le ſimple amuſement; de la ſorte qu'on devient inſenſiblement par cette lecture, & plus éclairé, & meilleur qu'on n'étoit. D'ailleurs les applications y ſont ſi juſtes, ſi ſenſées, ſi bien conduites, que plus l'on eſt connoiſſeur, & plus l'on y trouve ſon compte.

D'un autre côté, le tout eſt parſemé de ſentimens grands, nobles & élevés: l'on remarque avec ce-

la que les differens caracteres y
sont representez d'après nature, &
que son principal but est d'anéan-
tir les coutumes vicieuses, & de
ramener la simplicité, la bonne
foi & la régularité dans la conduite : il ne craint point d'y faire paroître les Grands dépoüillés des
vains ornemens qui les parent, &
tels qu'ils sont en eux-mêmes.

La vûë de combattre le vice,
& d'inspirer la vertu, est assurément
bien loüable, dit Madame de
Laun..... les ouvrages de cette
nature qui instruisent & amusent
en même tems, devroient être regardez sur tout un autre pied, que
tant de quolifichets qui n'ont d'autre merite que d'être spirituels, &
où l'Auteur n'a d'autre vûe que de
faire avec un front de suffisance,
parade de ses talens. Combien
voyons-nous de ces sortes de Livres, qui sont aussi vuides d'instructions, qu'ils sont pleins d'a-

gréables bagatelles dont on ne sçauroit tirer aucune utilité ? Cette vûë doit faire redoubler d'estime pour votre M. Steele.

Il paroît, dit le Militaire, que son Spectateur est assez goûté en France, quoiqu'il perde infiniment dans la traduction : dans l'original la diction est vive, naturelle, legere, agréable ; l'on y est arrêté par mille beautez qui ne se trouvent point dans ce qu'on en a traduit : ce n'est pas que le Traducteur n'écrive avec assez d'art & d'une maniere aisée & naturelle ; mais c'est qu'il y a une sorte d'impossibilité à pouvoir rendre les choses telles qu'on les voit dans l'original.

Et pourquoi donc cette impossibilité, interrompit une de ces Dames ?

Il n'y a point d'ouvrages, répondit le Cavalier, qui ne perde toujours quelque chose dans la

traduction ; il y a mille endroits
pleins de sel & d'agrémens dans
le Tatler & dans le Spectateur, qui
n'ont nulles graces rendus en
François : il s'agit particulierement de certaines notions plaisantes & ingenuës, de certains tours
de phrases, de jeux de mots &
de dictons conformes au génie
& au goût de la nation Angloise,
& qui, quoique charmans en Anglois, paroîtroient insupportables
dans une autre Langue. Il faut
nécessairement, dans ces sortes de
rencontres, avoir recours aux sup-
plémens. Il y a, en un mot, certains agrémens particuliers atta-
chez à la Langue & au climat,
qui disparoissent lorsqu'on les
transporte ailleurs, ou qu'on veut
les habiller d'une autre maniere :
Il n'y a même gueres de Langue
qui n'ait ses idiomes particuliers,
qui ne conviendroient nullement
ailleurs. L'on peut rendre avec

exactitude les faits & les traits de
Morale ; mais il n'en est pas de
même de certains rafinemens de
langage, de certaines allusions,
qui n'ont de prix que dans les pie-
ces originales.

Comment donc, reprit la même Dame, est-ce que la Langue
Françoise n'a pas de quoi sup-
pléer richement à tout ce que vous
venez de dire là ? N'est-elle pas
plus agréable, plus énergique &
plus abondante que la Langue Angloise ?

Ce n'est pas là précisément de
quoi il s'agit, Madame, répliqua
l'Officier : l'on ne dispute point
des agrémens de la Langue Françoise ; mais vous me permettrez
de vous dire, que ceux qui sont en
état de juger sainement de l'une &
de l'autre Langue, prétendent que
la Langue Angloise est plus féconde, plus forte, plus concise,
plus nerveuse, & par conséquent
plus

plus propre à exprimer tous les divers mouvemens du cœur & de l'esprit.

Hé ! Monsieur, qu'osez-vous avancer là, interrompit la Dame ?

Vous remarquerez, s'il vous plaît, Madame, reprit le Militaire, que je ne parle ici qu'après les connoisseurs. Au reste, ajouta-t-il en riant, vous allez, je pense, être contente en apprenant qu'ils décident en même tems, que si l'une l'emporte pour la varieté, la force & l'étenduë des expressions, l'autre a le dessus pour la clarté, la pureté & la politesse dans le discours. Ils ajoutent encore à cela, que la Langue Françoise a aussi l'avantage d'être plus noble, plus majestueuse, & en même tems plus simple, plus naturelle & plus naïve que la Langue Angloise.

Tout cela ne suffit pas, répartit la Dame ; il faut encore qu'elle soit la plus propre à pein-

dre au naturel les pensées, & tou-
les differens mouvemens du cœur
& de l'esprit.

Il faut, Monsieur, lui accordé
encore cet article, dit agréablement la Comtesse : & vous, Mademoiselle, poursuivit-elle en s'a-
dressant à la jeune Angloise, vou
ne nous dites rien sur tout cela.

Je pense, Madame, répondi
elle, qu'il me convient beaucou
mieux d'écouter dans cette rencon
tre ; d'ailleurs ce que je pourro
dire paroîtroit peut-être suspect.

Vous nous en dites vraiment
assez, reprit Madame Charlev.
& nous nous en contentons, pou
vû que vous ayez la complaisanc
de nous dire encore quelque cho
se de votre M. *Bicker - Staff* ;
m'imagine que ses ouvrages en
braffent bien de differentes matic
res.

C'est une fécondité surprenar
te, répliqua la Demoiselle, de r

marques judicieufes, d'agréables
plaifanteries, d'idées burlefques,
de tours ingenieux, qui ne faifant
que parer un raifonnement inftruc-
tif & folide, lui frayent une route
affurée vers le cœur & l'efprit; ce
qui n'a pas peu contribué aux heureux changemens qu'ont produit
ces ouvrages dans les mœurs &
les manieres des Anglois. La crainte d'y être apoftrophé, tenoit les
badauts, les fots, les fats & les
autres ridicules perfonnages de
cette efpece, attentifs à leur conduite, pour n'être pas expofez aux
railleries qu'ils avoient à effuyer,
quand les feüilles volantes du
Tatler ou du Spectateur paroif-
foient en public. Les applications
toujours ingenieufes, y font encore
ornées de fentimens, de maximes,
de peintures délicates & hardies,
qui exprimées d'une maniere noble & précife, offrent aux Lecteurs
les veritez les plus frapantes, de

façon que par ces differens affai-
sonnemens l'esprit se trouve infailliblement rempli des images les
plus touchantes de l'aimable vertu. En un mot, ce celebre Auteur met toute son application à
vouloir rendre ses Compatriotes
vertueux & raisonnables ; & c'est
dans cette vûë qu'il fait entrer
adroitement dans ses speculations
tous les sujets qui peuvent exciter
la curiosité des deux sexes.

Puisque les personnages ridicules, dit Madame de Laun... ont
été si vivement attaquez dans ces
feüilles periodiques, je ne doute
point qu'il n'y ait eu de beaux tableaux representans les Petits-
Maîtres : mais peut-être, ajouta-
t'elle, ne sont-ils pas aussi extravagans en Angleterre, qu'ils le
sont en France.

Nos Petits-Maîtres, reprit l'Angloise , rencherissoient autrefois
sur ceux que je vois ici : ils joi-

gnoient à l'air évaporé & étourdi, la sotte fierté & l'arrogance ; mais Steele les a si souvent exposez dans un jour si propre à divertir le public à leurs dépens, qu'actuellement il ne leur reste du ridicule caractere de Petit-Maître, que la fatuité & l'impudence.

Les voilà assurément bien aimables après cette réforme, dit la Comtesse, & ils ne s'aviseront peut-être pas de la pousser plus loin ; car je m'imagine qu'il en est à peu près chez vous comme chez nous : je veux dire qu'il s'y trouve des femmes qui ont du goût pour les airs distinguez de ces Messieurs.

Vous ne vous trompez pas, répliqua la Demoiselle, il y en a même un grand nombre ; mais enfin, ajouta-elle agréablement, les foux & les folles sont de tous les Pays. Il y a encore, continua-t'elle, une chose que nos Petits-Maîtres

ont de commun avec les vôtres,
c'eft qu'ils font de leur démarche
une efpece de danfe : les coups de
tête, les tours de jambe, les ca-
brioles, & toutes les autres ridicules agilitez de cette efpece,
doivent, felon eux, paroître à
nos yeux, ce qu'on nomme bel
air, bonne grace. Ils ont cependant quelquefois la mortification
de remarquer qu'on eft fur leur
compte fouvent dans le doute
qu'il puiffe y avoir du poids dans
une tête toujours en mouvement,
& qui permet aux jambes & aux
mains de l'être de même. Il y a
quelque tems que m'étant trouvée
à une partie de campagne avec
Madame la Duchesse de Bucking-
ham, il y vint deux perfonnages
de cette efpece, qui fur la foi de
pareils charmes, s'imaginoient
n'avoir qu'à fe montrer pour faire
des conquêtes ; & comme tous
leurs difcours quadroient affez à

ce ridicule, on trouva qu'ils étoient
venus fort à propos pour défrayer
la compagnie : ils nous laifferent
même à leur départ dequoi égayer
la converfation pendant quelques
jours.

La Ducheffe qui a tout le goût
& tout l'efprit poffible, ajuftoit les
chofes de façon que nous fçûmes
tirer parti des fcenes fréquentes
que nous donnoient Meffieurs *les
Beaux :* c'eft ainfi qu'on nomme
communément à Londres ceux
qu'on voit fe diftinguer par cette
forte d'affectation qui jette toujours un air d'impertinence fur
leurs mouvemens.

Steele dit plaifamment , parlant de ces fortes de merveilleux ,
qu'on eft d'ordinaire difpofé à
plaindre un impotent qui a perdu
un bras ou une jambe , & qu'on
ne fonge pas à plaindre un homme qui a toute fa raifon , & qui
malheureufement ne peut s'en fer-
vir.

Voilà, dit Marcel, où l'on en étoit à cette conversation, lorsqu'elle fut interrompuë par l'arrivée de deux Dames qu'on ne pourroit sans injustice exclure de la cotterie des Staffs. Après les civilitez ordinaires, l'on commença d'abord à parler d'ajustemens & de modes : c'en fut assez pour me faire prendre le parti de me sauver au plus vîte.

Lescure & Marcel parlerent encore quelque tems de l'entretien des Dames. Je voudrois, dit Lescure, que vous eussiez souvent occasion de nous régaler d'un semblable détail ; il eut sans doute fait plaisir à nos amis, Gordon & Hamilton ; je les gronderai bien de n'être pas venus aujourd'hui au rendez-vous : je suis au reste enchanté de votre Angloise.

Vous le seriez bien davantage, répondit Marcel, si vous l'aviez entendu parler elle-même ; ses

discours perdent infiniment dans
ma bouche : l'on voit peu de personnes qui ayent autant d'esprit &
de raison. Quant à sa figure, elle
est telle que les Poëtes attribuent
aux Graces : elle a la taille haute &
majestueuse, les traits fins & régu-
liers : tout cela est accompagné
d'un air de modestie, de douceur
& de noblesse, qui lui attire d'a-
bord tous les suffrages : on peut
dire que c'est de ces merites éclatans qui perdent toujours dans les
descriptions, & qu'il faut connoître particulierement pour pouvoir leur rendre toute la justice
qui leur est dûë. Rien ne fait mieux
son éloge que la singuliere estime
qu'ont pour elle deux Dames de
la Cour de France, qui en font
l'ornement & l'admiration. Ces
deux vertueuses Dames lui rendent d'assiduës visites dans le Couvent où elle se tient ; elles y font
leurs délices des entretiens de

Mademoiselle Hall : c'est le nom de cette charmante fille. Elle a une intime amie, dont le merite est égal au sien. Le sentiment naturel qui porte à aimer ses semblables, a formé les plus aimables liens entre ces deux admirables personnes , dont le caractere & l'esprit semblent être faits l'un pour l'autre. Cette amie est une Demoiselle Flamande, fille de Madame la Baronne de * * * , dont la mort me causa il y a quelques années cette grande affliction que vous cherchiez avec tant de soins à adoucir.

Rouvray ayant joint à cet endroit les deux amis, les mena dans son carosse au Cours , & les engagea ensuite à aller souper avec lui chez Madame sa sœur.

Fin de la Premiere Partie.

nom
le
crit[illegible]
na
em
les
les
&
our
oi
me
ort
es
us
à

fr
ns
[illegible]
e

TABLE

De la premiere Partie.

V ij

V. iij.

Fin de la Table de la premiere Partie.

PRIVILEGE DU ROI.

LOUIS, par la grace de Dieu , Roi de France
& de Navarre, à nos amez & féaux Con-
seillers , les Gens tenans nos Cours de Parle-
ment, Maîtres des Requêtes ordinaires de notre Hôtel, Grand - Conseil , Prévôt de Paris,
Baillifs, Sénéchaux, leurs Lieutenans Civils, &
autres nos Justiciers qu'il appartiendra : SALUT.
Notre cher & bien amé le Sieur Chevalier
de C.***, Nous ayant fait remontrer qu'il
souhaiteroit faire imprimer & donner au Public
un Ouvrage de sa composition qui a pour titre
le Militaire en solitude ou le Philosophe Chrétien,
s'il Nous plaisoit lui accorder nos Lettres de Privilege sur ce necessaires ; offrant pour cet effet
de le faire imprimer en bon papier & beaux caracteres , suivant la feüille imprimée & attachée
pour modele sous le contre-scel des Presentes. A
CES CAUSES, voulant favorablement traiter ledit
Sieur Exposant , & recomoître son zele, Nous
lui avons permis & permettons par ces Présentes
de faire imprimer ledit Ouvrage ci-dessus spéci-
fié, en un ou plusieurs volumes , conjointement
ou séparément, & autant de fois que bon lui sem-
blera , sur papier & caracteres conformes à ladite
feüille imprimée & attachée sous notredit contre-scel, & de le vendre, faire vendre & débiter
par tout notre Royaume, pendant le tems de six
années consécutives, à compter du jour de la date
desdites Présentes. Faisons défenses à toutes sortes de personnes de quelque qualité & condition
qu'elles soient, d'en introduire d'impression étran-
gere dans aucun lieu de notre obéissance ; comme aussi à tous Libraires, Imprimeurs & autres

imprimer ou faire imprimer, vendre, faire vendre, débiter ni contrefaire ledit Ouvrage ci-dessus
exposé en tout ni en partie, n'y d'en faire au-
cuns extraits sous quelque prétexte que ce soit,
d'augmentation, correction, changement de titre ou autrement, sans la permission expresse &
par écrit dudit sieur Exposant, ou de ceux qui
auront droit de lui, à peine de confiscation des
Exemplaires contrefaits, de quinze cens livres
d'amende contre chacun des contrevenans, dont
un tiers à Nous, un tiers à l'Hôtel-Dieu de Paris,
l'autre tiers audit sieur Exposant, & de tous dépens, dommages & interêts; à la charge que ces
Presentes seront enregistrées tout au long sur le
Registre de la Communauté des Libraires & Imprimeurs de Paris dans trois mois de la date d'i-
celles; que l'impression de cet Ouvrage sera faite
dans notre Royaume & non ailleurs; & que l'Im-
petrant se conformera en tout aux Reglemens de
la Librairie, & notamment à celui du dixiéme
Avril 1725. & qu'avant que de l'exposer en ven-
te, le manuscrit ou imprimé qui aura servi de
copie à l'impression dudit Livre sera remis dans
le même état où l'Approbation y aura été donnée
ès mains de notre très-cher & féal Chevalier,
Garde des Sceaux de France le sieur Chauvelin;
& qu'il en sera ensuite remis deux Exemplaires
dans notre Bibliotheque publique, un dans celle
de notre Château du Louvre, & un dans celle de
notre très-cher & féal Chevalier, Garde des
Sceaux de France le sieur Chauvelin, le tout à
peine de nullité des Presentes; du contenu des-
quelles vous mandons & enjoignons de faire joüir
ledit sieur Exposant ou ses ayans cause pleinement & paisiblement, sans souffrir qu'il leur
soit fait aucun trouble ou empêchement. Vous

ERRATA.

*P*Age 19 en marge, Vers oublié, *lisez*
Vers oubliez.

P. 30. *l.* 8. la Maréchale, *lisez* le Maréchal.

P. 104. *l.* 19. miacles, *lisez* miracles.

P. 105. *l.* 20. milliers, *lisez* millions.

P. 128. *l.* 10. tout, *lisez* tant.

P. 146. *l.* 2. hommes, *lisez* homme.

P. 154. *l.* 14. flatte, *lisez* flatta.

www.ingramcontent.com/pod-product-compliance
Ingram Content Group UK Ltd.
Pitfield, Milton Keynes, MK11 3LW, UK
UKHW022207120726
13694UKWH00002B/436